MIROSLAV HALÁS

Znovu
zrodenie

'89

Obsah

Formálny kresťan

T R I D S A Ť P Ä Ť rokov som bol formálnym kresťanom a nevedel som o tom. Možno som to občas tušil, ale takú myšlienku, ktorá by ma dokonale presvetlila, teda pohľad Boží, som vždy odmietol. A videl som iných. Horších, utrápenejších i trápnejších, obmedzenejších, s chabým rozumom. A ak aj mali rozum výrazný, ktorý sa dokonale pohyboval v určitých teritóriách toho, čo sa bolo možné naučiť, usmieval som sa. Géniovia nežijú z kníh, géniovia žijú z vlastnej geniality.

Bol som génius a ten dovolí, aby sa z jeho počinov smiali, aby nad ním mávli rukou, teda aby prestali mať záujem o vážnu reč s ním, *jednoducho: génius dovolí,* aby ho „nikto nepotreboval". V skutočnosti génius nikoho nepotrebuje len vtedy, keď sa vyhrieva na svetle ako jašterica na teplom kameni, ako had, ktorý v príhodný čas zalezie do diery, do tmy, kde jeho strach a chvenie nikto nevidí. Génius?

Nebol som génius, bol som klamár. Bol som hráč i herec. Bol som človek s maskou. Za cynickou tvárou sa skrýval strach. Obava. Neistota. Taký „génius" má len dve možnosti: nikdy svoj strach nepriznať a čímkoľvek ho bez výberu prostriedkov zastrieť, alebo odvrhovať spoločenstvo ľudí, ktorí ho prezreli a voliť si nové. Pohyb z kruhu do kruhu. Keď ma už určitý kruh príliš škrtil, musel som sa ho nejakým spôsobom zbaviť. Metodickým poradcom je tu satan. Dovoľuje podliakom unikať, kým mu slúžia, no aj vtedy ich vedie do konečnej záhuby, ktorú vidí len on, lebo svoju obeť vždy presvedčí o opaku. Napokon aj o tom, že dobro má stupídnu tvár a neoplatí sa o ňu stáť.

Teda čím, kým som bol? Géniom, klamárom, podvodníkom? Človekom strachu? Namiesto prilby spasenia, meča Ducha Svätého, štítu viery, panciera spravodlivosti, opasku Pravdy, namiesto toho najvzácnejšieho obutia, obutia do evanjelia pokoja, som chodil v spoločnosti zbraní satana. Lož, pretvárka, faloš, podvody, to boli sprievodné znaky môjho života.

Aký bol, čo v ňom hralo hlavnú úlohu? Cesta za slávou. Pohodlnými rukami zarábať tisíce. Už vtedy som kdesi v podvedomí tušil, že literatúra môže byť aj lžou. Kto na tie lži príde? Akú pravdu literatúra hlása? Túžil som žiť moderne, tak, ako som nikdy nežil a nemal možnosť žiť, lebo v dedine, kde môj otec pôsobil ako farár, na to neboli vhodné podmienky. Had, chovaný na prsiach. Tvrdé slová? Sú to slová, ktoré zodpovedajú skutočnosti. Žil som až pridobre, ak pritom myslím na pohodlie a na všetko, čo človek priemerných schopností potrebuje. Auto ma nikdy nelákalo - spájalo sa s ním priveľa drobných povinností. Ak som niečo chcel mať, nuž bez námahy. Bez skúšok, bez ustavičnej starostlivosti o to. Auto bolo treba kŕmiť. Žiadalo si opateru. Žiadalo si pre seba prinajmenšom toľko, koľko chcelo samo dávať. A ja som chcel len brať. V rodine, v spoločnosti, všade, kde som sa ocital. Nazval by som sa statickým človekom. Človekom jedného priestoru. Človekom v klietke, ktorému do určitého času stačilo, že tá klietka bola zlatá.

Čo myslím pod zlatou klietkou? Záštitu, pod ktorou som žil. Otca s jeho postavením, ktoré napriek všetkému budilo dôveru a dôstojnosť. Matku, ktorá bola ochotná obetovať sa pre mňa aj tam, kde som žiadnu obeť prijímať nemal a nesmel. Sestru, ktorá mi najprv verila, preto i rozumela. Čo som sa totiž dokonale naučil, to bola schopnosť obhajoby. Sudca, ktorý ustavične iných súdi a obhajca, ktorý ustavične seba obhajuje. Dvojúloha, dvojtvárnosť, faloš. Tma, mlčanie tam, kde sa bolo potrebné ozvať a plno slov na miestach, kde si ma omylom vážili.

Za čo tá vážnosť? Proklamoval som v sebe spisovateľstvo. Mnohí mu verili v tom najlepšom slova zmysle - stačilo im, keď počuli môj písací stroj a nevideli ma nikdy robiť žiadne bežné roboty. Strihanie hrozna, stromov? Kosenie trávy? Kladivo, sekera v ruke? V našom dome sa pohybovalo vždy dosť robotníkov, väčšinou to boli farníci; starali sa o údržbu fary, kostola, ba aj o náš dvor. Na čo som siahol, to bol rýľ, motyka, občas vidly, sviatočne aj na nejaké iné náradie. Kŕmil som prasatá, ale tie sme chovali zriedkavo...

A pritom všetkom som si myslel, že som pravý kresťan, lebo na dedinských zábavách, presiaknutých alkoholom, som bol veľkou raritou, ďatelinovým päťlístkom, a svadbám, kde sa tiež iba pilo, som sa vyhýbal. Na vine bola neschopnosť akéhokoľvek harmonického pohybu, ale najmä neschopnosť, pretože neochota, „prispôsobiť sa". Ja, v jednom rade s inými ľuďmi? Ja, s rovnakými spôsobmi a prejavmi? Kto by si ma potom vážil? Čo by mi bez výnimočnosti ostalo? Potemkinovský človek nesmel ísť do búrok a zlého počasia, nesmel zo svojej zlatej klietky a svojho zlatého koča vystúpiť. Vietor by mu odvial parochňu a dážď zmazal všetky krycie farby. Na scéne by sa zrazu zjavil chameleón, vyvolávajúci smiech; zavrhli by ho aj tie najobyčajnejšie tváre. Vystretých prstov, ktoré by zamierili na mňa, som sa vždy bál. Podvedome som ich totiž tušil. Vedel som, že raz k nim dôjde a raz pred nimi budem musieť stáť. Vedel som?

Vedel som, že také obvinenie mi patrí, ale odmietal som ho bez vážneho skúmania. Chcel som v tom čase len písať – a najmä o sebe! –, no nie krvou; a ak predsa, tak otcovou, matkinou, sestrinou, ba aj krvou mnohých priateľov a známych: chcel som spísať vlastnú slávu.

Spisovateľom som chcel byť aj preto, lebo spisovateľom sa všeličo odpúšťa.

Oni majú byť čudní, ich zákonom je: robiť všetko inak ako ostatní ľudia. Byť iní! A tak, nech by ktokoľvek odhalil v mojom živote čokoľvek, naporúdzi bola vždy odpoveď: je to spisovateľ, nechajte ho - žije vo vyšších sférach. A ak má o všetkom nepochopiteľné predstavy, chápte! Tak to má byť! Aký by to bol inak spisovateľ? Bol by iba jedným z nás!

A tak dedina prijala, že som INÝ. Ľudia sú tolerantní tam, kde ich tolerancia neohrozuje. Ako som ich mohol ohroziť ja? Vydá sa niekto z ich synov či dcér po mojich chodníčkoch? Veď na to bolo žiadúce určité „chorobné" sebazaprenie! Sedávať deň čo deň - do noci? - za písacím strojom? Mať okolo seba v tom najbližšom okolí - hoci len krátko - atmosféru zvláštneho porozumenia, súhlasu! Kto by to odsúhlasil ich synom alebo dcéram? Oni?!

Nikdy!

Spisovateľom môže byť len človek, ktorý žije v určitom skleníku a oni uznávali najmä taký, ktorý prinášal úrodu bezprostredne. Uhorka či paradajka, strhnutá ako prvá v dedine, bola dôvodom na určitú pýchu. Aj dedinčan chce byť prvý, jedinečný, aj on pracuje s hrdosťou a pre hrdosť. Narodil sa spriaznený so zemou, jeho pracovným poľom je teda pole. Žiadna dvojzmyselnosť, dvojtvárnosť, žiadna metafora, nijaký inotaj. Pole, záhrady, šopa, „varštat", dielňa, komora, dvor, dom. Aj preto je v dedine najviac družstevníkov, stavbárov, elektrikárov, pokrývačov, automechanikov - k domu totiž patrí najnovšie aj auto a k autu garáž a nové, otvorené priestory, z ktorých sa do dediny vracajú inžinieri, sem-tam mladý právnik, lekár, novinár...

Nikoho som teda neohrozoval a dedina mala svojho spisovateľa a kresťana.

Kresťana, ktorý sedával každú nedeľu dopoludnia na chóre v kostole a ako jediného z mladých ľudí ho staré ženičky, vydaté panie a niekoľko mladých dievčat i chlapov v staršom veku vídalo i popoludní. V tom čase už boli moji rovesníci na výletoch alebo mali domácu siestu pri gramofóne, magnetofóne, možno i pri víne či vodke... Ja? Ja som sedel so spevníkom v ruke na chóre. Kázeň Slova Božieho ma však míňala - vyhrieval som sa v popoludňajšom bohoslužobnom slnku, v pohľadoch uznanlivých kresťanov. Bol som formálnym kresťanom len ja? Boli všetci formálni?

Neviem, ale vždy mi kdesi v poslednom zdravom kútiku srdca prekážalo to rozdelenie nedele na chrám a dom, na postoj kresťana a postoj domáceho gazdu v nedeľnom rozopnutom obleku, na kresťana v kostolnej lavici a kresťana na lavičke v podvečer, keď sa mladí ľudia vracali z futbalových zápasov či chystali na večernú dedinskú zábavu. Žilo v nás Slovo Božie ako „prvé a posledné"? Žil v nás Pán Ježiš ako Alfa i Omega, alebo cez Neho prerážalo skôr to ostatné, na čo zvyčajne hľadievali naše oči, čo počúvali naše uši, čoho sa dotýkali naše ruky?

Krádeže štátneho majetku? Kto s čím pracuje, ten z toho žije a smie žiť na rôznorodý spôsob. Družstevné dvory, dielne? Sýpky? Sklady v podnikoch a závodoch? Kresťania žili tak, ako žili ostatní. Formálne, neoriginálne, s rovnakým strachom pred budúcnosťou, s akým žili ľudia neveriaci.

Čím som sa líšil od ostatných kresťanov - čím som sa pred nimi pýšil? Nechodieval som do krčmy, nepil som pivo ani pálenku, občas možno glg vína.

Práve tak na mňa hľadievali hostia. Nepije! Originálny spisovateľ - prečo nepije? Každá odlišnosť ma posadila na vzácnejšieho koňa. Bol to drevený kôň? Nikam nešiel, neklusal, necválal? Nepodliehať rozšírenej neresti pre mňa znamenalo žiť výnimočne cnostne. Nepotreboval som piť, iba ak v predstave - potom, keď budem slávny! Pravdaže, potom budem piť s veľkou noblesou a graciózne, niekde v Domove spisovateľov alebo vo výnimočnej umeleckej kaviarni. S niekým výnimočným! Niekde - ďaleko, ďaleko! - budem s výnimočnými ľuďmi výnimočne mudrovať.

Táto cesta by sa dala nazvať cestou kresťana, hoci len formálneho, k výlučnému spisovateľovi. Z cirkvi do sveta. Preč z rodnej dediny, v ktorej som nesmel morálne spochybňovať ani seba, ani otca, ani matku. Niekam, kde si možno - hoci spôsobom márnotratného syna - užívať! Bez obmedzenia, bez sliedivých očí...

Znamená to, že som nikdy nebol kresťanom, ktorý sa zhovára, či zhováral so svojím Bohom? Bol som citovým kresťanom. Ak sa jedného dňa v našej kuchyni ktorýsi komunista smial, že kresťanstvo potrebuje v prvom rade veľký chrám s farebnými oknami, potom organ, mohutnú hudbu a spevy, lebo inak by kresťanovo srdce nič nerozochvelo, mal čiastočnú pravdu. Medzi hrubými múrmi sa Slovo rozlieha s väčšou naliehavosťou ako v obyčajných domoch!

Toto potrebuje kresťan! Prežiť ilúziu, čaro! Pretože keď vyjde z kostola von, je opäť taký, ako všetci ostatní ľudia. A taký, ako pre ostatných neveriacich, je preňho aj svet: plný nástrah, neistôt, svet, v ktorom možno žiť len takticky a vypočítavo.

Preto potrebujeme chrám: aby sme si odpočinuli od každodenných starostí, aby sme si oddýchli, aby sme zabudli. Tieto chvíle čara, podmaľované hudbou a spevom, nás povzbudia, dodajú novú silu. Načo? Na nové strkanie do autobusov?, na nové hádky v robote?, na horúčkovité počítanie peňazí?

Dedina, plná nových domov. Kanadské a americké bohatstvá. Za volantmi áut - vnukovia a vnučky, dedičia, ktorí ešte len dospievajú.

Potrebujeme kostol „proti všetkému a napriek všetkému"? Je pre kresťana a jeho rodinu Boh Alfou a Omegou, tak ako bol pre dom Jozuu? Vy ostatní sa rozhodnite ako chcete, ale „ja a dom môj budeme slúžiť Hospodinu!"

Ja a môj dom? Či len ja? A - SLÚŽIŤ?

Kostol mal svojich pravidelných návštevníkov. Na laviciach klobúky, staré kabelky. Najnovšia móda okresného mesta sa z kostola po špičkách vytrácala. Len ja som v ňom ostával - dopoludnia i popoludní. Niežeby som na svojho Boha nikdy nepomyslel, niežeby mi na srdce neklopal! On klopal - ale ja som otváral srdce sebe. Sebe - Jemu nie!

Sebe vo vianočnej extáze, keď plný kostol hrmel piesňou Príď, Spasiteľ sveta, príď. Keď starí muži so vzácnymi hlasmi spievali o noci, ktorá bola jasná svetlom hviezd. O pastieroch. O čase radosti a veselosti, ktorý bol daný svetu z nepochopiteľnej lásky. Tam v jasliach sa narodilo dieťa. Pán Ježiš, náš Spasiteľ a Vykupiteľ sveta.

Ja, formálny kresťan, som mal rozochvenú dušu. Svietili lustre, kostol bol plný. Vonku snežilo a ľudia, ktorí sa počas roka nevideli, si podávali ruky. Cítili, vnímali v tom dlhom vzájomnom odlúčení paradox? Bola tá nová jednota z Boha alebo z ľudí?

Mal som na kostol - a akoby aj na Boha - väčšie právo ako ostatní! Ja som bol pravidelným návštevníkom. Oni - náhodní hostia, sú ešte dnes večer tu, ale zajtra už budú kdesi celkom inde; začnú určite na svojho Boha zabúdať...

To oni boli formálni kresťania! Mňa uvidia farníci v chráme aj o týždeň. Stále! Ja ku kostolu patrím ako inventár, moje spasenie je - zaslúžené...

Isté? Nie - predsa len som sa bál. V určitých chvíľach náhlej hrozby som si uvedomoval: znie vo mne otázka. Čo ak nebudem spasený? Robím pre svoje spasenie dosť? Večer som sa díval na Bibliu a váhal - otvoriť ju? Uprostred čítanej kapitoly som zadriemal. Zajtra, vravel som si, zajtra... Budem ju už čítať inak? Keby bol len kostol!

Jedného dňa som zbadal Bibliu v ruke neznámeho muža. Ten starší sivovlasý pán ma zaujal a bol mi hneď sympatický. Číta Bibliu v autobuse a nedbá na smiech mladých, moderných „vetroviek" - mal svojho osobného Boha! Ja - vytušil som - svoju Bibliu nemám... Môj Boh - nie je môj osobný Boh! Pán Ježiš ma - mňa osobne! - nespasil! Nespasil?!

Pán Ježiš spasil predsa každého, kto v Neho verí a ja... ja verím! Myšlienka, spochybňujúca moju istotu spasenia a závisť voči zvláštnemu pokoju starého pána s Bibliou v ruke ma znepokojila. Defekt autobusu nás „postavil" vonku, na okraji cesty vedľa seba. A vtedy sa ma on, katolícky kňaz zo susednej dediny, polovážne-položartom opýtal: A ako je to u vás s alkoholom, mladý muž?

S alkoholom? Dozvedel som sa, že sám v päťdesiatych rokoch pil - veľa pil. Nemožné? A predsa áno - jeho úsmev síce s tou dávnou pravdou už nemal nič spoločného, no napriek tomu ju v sebe akosi pretlmočene uchoval. Odpovedal som: pritrafí sa mi... pohárik, dva. Veľmi výnimočne! A on na to: Každý pohárik je zlý. Je to nástraha! Díval som sa na neho ako na človeka, ktorý svojho času podliehal zhubnej vášni a teraz vidí v každom obdobného slabocha.

Mohol som byť čímkoľvek, ale slabochom v nerestiach, ktorým podliehala väčšina ľudí? V tých nie! Opilstvo a smilstvo? Otrokmi tela som pohŕdal...

Nastúpili sme znovu do autobusu a vtedy som si uvedomil, čo sa mi na jeho čítaní Biblie páčilo v prvom rade: bola to elegancia ducha! Po takom kontrastnom duchovne s okolím som vždy túžil.

Totiž: ja som v sebe pestoval len pomyselnú, predstieranú mystiku. Každý deň bol pre mňa vedomou konštrukciou metamorfóz - bežné, účelné veci som si v predstavách menil na iné, absurdné. Aby som poprel, že žijem v obyčajnom svete dediny, menil som si ho na iný svet. Kto sedel v komore a díval sa zaujato na pavučinu? Na rozbitú tabuľku zaprášeného okna?

Kto rozpoznával v obyčajnej chôdzi dedinčana „akýsi úkaz"? Kto to všetko, čo ho obklopovalo, nikdy nepotreboval, no pritom vždy vlastnil?

Kto tak záhadne - pre nič za nič - trpel?

Kto mal právo na ustavičnú ohľaduplnosť?

Dospel som do štádia, keď som sa domnieval, že určitým spôsobom by mal byť voči mne ohľaduplný aj Boh. Pán Ježiš! Prečo? Veď som ako veriaci videl pred sebou nečestné prekážky - časom som si ich sám domýšľal, dosadzoval, stávali sa hlavnou príčinou mojich zlyhaní. Ja a prekážky! Preto som smel chybiť, lebo som žil ustavične pod psychickým tlakom. V stresoch! Kto by to zvládol?

Ľudia nevedeli... ľudia nemali s mojou situáciou skúsenosti.

Sedával som nedeľu čo nedeľu v chráme a predstavoval som si svoju spisovateľskú budúcnosť. Moja zduchovnelá tvár pritom okoliu tvrdila: počúvam výklad Božieho Slova.

Klamal by som, ak by som tvrdil, že som sa za svoje formálne kresťanstvo necítil občas - hoci veľmi nejasne - vinný. Napraviť som ho však chcel zasa len formálne - vôľou alebo rozbujneným citom. Vkladal som do modlitby alebo spevu precitlivenosť namiesto vnútornej pravdy srdca a za rozptýlenosť myšlienok počas „kostolnej exegézy" som sa trestal násilnou, nútenou pozornosťou voči každému kazateľom vyslovenému slovu. Nežil vo mne Duch; snažil som sa vnímať len „literu", ktorá okolo mňa občas preletela.

Mŕtvy človek, bez Ducha v tele!

Mŕtvy?

Mŕtvi boli opilci, revúci v nedeľu popoludní v krčme - v čase, keď každý slušný človek medituje. Ja som sa doma dostával pri čiernej káve do vyšších sfér... Mŕtvy človek? Občasní hostia na mňa hľadeli ako na toho pravého dediča otcovej služby!

Mŕtvy, a predsa nie celkom mŕtvy - kdesi v hĺbke srdca som sa Boha bál. On ku mne ustavične hovorí, nechcel som však vedieť čo: sú to určite tvrdé slová...

Odkiaľ som to vedel? Zo svojho nepokoja, ktorý, dusený mojím falošným pokojom, sa zavše predieral na povrch. Bolo to vtedy, keď som sa sám seba predsa len pýtal: kde je môj Boh? Ak je Boh OSOBNÝM BOHOM - ako to, že s Ním nemám nijakú osobnú skúsenosť! Tie úvahy som ukončil jednoduchým vysvetlením: osobnú skúsenosť s Ním mávali len proroci, len mužovia dávnych dejín. Dnes je už Boh ďaleko. Nemožno Ho tak dobre a výrazne počuť, nevidno Ho. Musím sa uspokojiť s tým, že budem vždy vravieť: Boh existuje, život Pána Ježiša bol pravdivý.

Bol? Áno, môj Boh bol viac Bohom histórie a minulosti ako Bohom prítomnosti. Boh kedysi zasahoval do všedného dňa každého človeka, dnes však už mlčí. Ku komu by napokon hovoril? K nám? Aký by na to mal dôvod, keď každý kresťan o Ňom už všetko podstatné vie? V osobe Ježiša Krista prišiel Boh na našu Zem, aby za nás v Kristu umrel, a tak vlastnou smrťou vyrovnal všetky naše dlhy - svojou poslušnosťou platil za našu neposlušnosť. Ja tomu verím, a tak Jeho spása zasahuje aj mňa, som do nej započítaný.

Moja viera vynikala len v porovnaní s viditeľnou a jasne formulovanou neverou neveriacich. Kým ja som vravel: áno, Boh existuje, oni vraveli: Boha niet. Ja som spasený týmto púhym výrokom, oni sú zatratení. Keby na otázku: existuje Boh? nevraveli nie! ale ÁNO, mohli by sa zachrániť! Ale takto?

Základnú vlastnosť viery som prirátal svojmu strachu zo zatratenia. Moja viera teda „žila“ len zo strachu pred večným zahynutím? Z tradície otca a starého otca? Bola automatická?

Už ako dieťa som sa Boha bál a bol pritom pokúšaný a lákaný do vzdoru voči Nemu. Len s veľkou námahou som zápasil s vlastnými myšlienkami, so svojím vedomím, v ktorom mi satan usádzal voči Bohu svoj vlastný odpor. Chcel, aby som jeho odpor prehlásil vnútorne za svoj a stotožnil sa s ním. Nútil ma do postojov odmietania Boha. Žiadal odo mňa, aby som Boha odmietol srdcom!

Stál som v autobuse, možno desaťročný, na ceste z hudobnej školy, ktorá bola vo vzdialenom meste, a častokrát som bojoval s takýmto satanovým pokusom zviesť ma. Závidel som ľuďom, ktorí pokojne podriemkavali na svojich sedadlách. Bol som nešťastný a zronený...

Bol som teda vždy formálnym kresťanom? Bol som úplne duchovne mŕtvy?

Alebo veľmi hlboko vo mne tlela iskierka, ktorej Pán Ježiš nedovolil zhasnúť?

Odkiaľ sa vzali tie pokušenia?

Z hriechov môjho detstva? Z ustavičného rozporu medzi Bohom a svetom?

Medzi Božím kráľovstvom a kráľovstvom tohoto sveta? Stál som na dvoch územiach? Prebúdzali sa vo mne dve rozličné rozpoloženia? Duchovno v kolízii s duševnom, s telom?

Akého Boha som v detstve videl? Boha morálky, mravnosti? A na mieste, kde by Boh mal vládnuť, som videl i nemorálnosť a nemravnosť? Mýlilo ma to? Zvádzalo k zlému a pokúšalo skúsiť hriech a vidieť, či dôjde k trestu? Poznal a očakával som len Boha trestajúceho, a či aj Boha lásky, milosrdenstva a zľutovania?

Vedel som, že Boh dal zákony a prikázania, ktoré neslobodno prestúpiť. On na nás hľadel, On dohliadal, či ich plníme. Spasenie bolo pre mňa v najtesnejšej blízkosti s morálkou a mravnosťou.

Dlho som žil v zdanlivej čistote, z ktorej mal vyvierať môj pokoj. Milovať budeš Boha svojho. Miloval som Ho? Chápal som to ako prikázanie, ktorému sa treba podriadiť, a nie ako Boží dar, za ktorý treba prosiť. Iba Boh môže povedať: Prezri! Iba On môže povedať: Poď za mnou, nasleduj ma! Iba na Jeho rozkaz sa v nás môže rozhorieť Duch pravdy a lásky. My však máme možnosť Ho o akékoľvek dary, aj o tie najväčšie, prosiť. My prosíme, On dáva. Dáva všetkým, ktorí chcú žiť podľa Jeho vôle. To znamená: podľa Božej múdrosti. Kto by nechcel?

V tom čase som si však vravel: milujem Ho, pretože ak by som Ho nenávidel, umriem. Láska podľa litery? Postoj farizeja, ktorý vzýva Boha na rohoch ulíc, aby prijal od ľudí chválu, ale jeho srdce je studené? Farizej svoje košele netrhá, pretože nosieva len vzácne plášte a ďakuje Bohu, že nie je ako ten bedár publikán, ktorý si v kúte kostolnej lavice zúfa, taký sa cíti hriešny! Tak veľmi potrebuje Božiu lásku a Božie odpustenie!

A čím Boh odpúšťa? Ak láskou, láskou sa chce s človekom aj zjednocovať. Tak veľmi Boh miloval svet, že svojho jednorodeného Syna dal, aby nikto, kto v Neho verí, nezahynul, ale mal večný život.

Čo je to viera? Slovo „verím" - alebo absolútna dôvera v Boha? Abrahám na Božie zavolanie VYKROČIL do neznáma a počítalo sa mu to za spravodlivosť. Spravodlivý bude žiť z viery! Zasľúbenie života z viery, ktorá sa prejavuje, teda vyjavuje, preukazuje, predstavuje - poslušnosťou! Kto verí, je poslušný. Byť neposlušným je preňho čosi nepredstaviteľné, výnimočné, je to pád do satanovej pasce, po ktorom sa kajá, pretože ďalej by nemohla trvať jeho jednota s Bohom. Jeho kontakt s večnosťou!

Kde je môj Boh?

Môj Boh bol vysoko, kdesi v nebesiach, nad oblakmi, kam ľudské oko nedovidí. Bol aj blízko: „bol v Biblii", ktorú som otváral s obavou, aby ma náhodou niektoré z Jeho slov neodhalilo, pretože... odhalenie núti zaujať postoj; postoj pokánia, nápravy, zmeny života. Akú mám teda možnosť? Otvorím Bibliu a dozviem sa o sebe pravdu, alebo... Alebo nechám

Boha, nech na moje srdce klope, a - budem sa tváriť, že Ho nepočujem?

Veď ako Ho možno dennodenne počuť a počúvať v tom svetskom virvare, zhone, v tej mäteži? Možno odsunúť praktické povinnosti na druhú koľaj? Neísť do školy, do roboty? Nenakúpiť? Nestáť v radoch? A ako sa dostane človek z mesta do dediny? Preplneným autobusom - a koľko ľudí sa doň ešte chce vmestiť! A čo stretnutie s priateľom? Drobné posedenie? A doma? Po povinnostiach si treba odpočinúť. Počas odpočinku, pri dobrej hudbe, zídu človeku na myseľ všelijaké príjemné predstavy. Zahoria túžby, plány... Priestory mysle a priestory dňa bývajú také zaplnené, že Boh sa tam vždy nevtesná! Pán Ježiš stojí pred dverami nášho srdca a klope? Áno, vravíme, o chvíľu.

O chvíľu?

Prejdú týždne, mesiace, roky. Starým babkám je hej! Veď z ich života sa už všetko vytratilo. Päťdesiatnici, šesťdesiatnici, dôchodcovia - aj tí majú čas kráčať na tradičné miesto nedeľného stretnutia, smerom ku kostolu, a napĺňať tam „vôľu otcov".

Ja a dom môj budeme slúžiť Hospodinu? Trápi ich, ak v kostolných laviciach nevidia deti? Pokrčia plecom, pousmejú sa?

S určitosťou som vedel jediné: mnohí ľudia sú formálnymi kresťanmi a ja patrím medzi najlepších zo všetkých formálnych. Veď ako môže niekto chodiť v nedeľu po dvore s fúrikom? Ako môže sedieť či polihovať vo svojom dome-hrade pred televízorom, keď iní spievajú piesne chvál? Ako môže brať meno Božie nadarmo, piť na ex pálenku a premýšľať v krčme bez mihnutia oka o rôznych nepoctivých plánoch?

Svet je nekresťanský!

Šofér autobusu si privyrába použitým lístkom, montér káblom zo svojho závodu, družstevník obilím a... v takých pomeroch a spôsoboch žijú všetci! Tieto pomery sú kruhom, v ktorom žiješ i ty! Skús z neho vyjsť a zistíš - kruh je uzavretý! Kto ťa dovnútra kruhu strčil? Satan, spoločnosť, okolnosti, život?

Zmeníš charakter života, spoločnosti?

Dedina pôjde spať, mnohým sa mihnú v mysli krátke predsavzatia, ktoré tlejú v každom z nás ako drobné iskierky. Vidno ich len v tme, v samote, v náhlom tichu. Možno sa tou iskierkou nádeje, ktorá zašepne - ten kruh predsa len možno preťať! - zaoberať aj počas dňa?

Počujete stovky viet, názorov, a tie tvrdia iné. Tisíce ľudských hlasov vraví „nie, nemožno" a iba jeden hlas tvrdí opak: Áno, možno!

Je to hlas samotného Boha, ktorý sa ukázal a dokázal svoju spravodlivosť v živote a osobe Ježiša Krista. A Ježiš Kristus vraví: Nasleduj ma.

Nie ty to vravíš, nie ja vravím: Pane, idem za Tebou! Sám Boh ma musí povolať, sám Ježiš Kristus musí rozkázať: Poď! On dáva silu, On nám umožní kráčať aj po cestách, ktoré sú neschodné. Peter vystúpil z loďky a šiel. Kráčal ku svojmu Pánovi po vode. Stačil však okamih nedôvery a začal sa topiť. Prečo sa i my topíme? Denne, od rána do večera?

Odpoveďou na tú otázku je naša viera, ktorá je vlastne - nevierou, neverou.

Odpoveď môže znieť aj inak a krutejšie: Sme formálnymi kresťanmi, ktorí neveria v živého, jednajúceho Boha.

Ako však dosiahnuť pevnú vieru?

Ako možno začať žiť so živým, osobným, jednajúcim Bohom?

Najprv musí človek sám sebe umrieť. Kto stratí život pre mňa, nájde ho. Kto by si však chcel uchovať život, stratí ho.

Najprv musí každý z nás umrieť a znovu sa narodiť.

Ak sa niekto nenarodí znova, nemôže uzrieť kráľovstvo Božie.

2

Stoka

P í s a ť , hovoriť o stoke svojho života? Nie je to nikdy príjemné, ale tá stoka jestvovala. Jej zvyšky ešte vidím, hoci neraz sa mi zdá, že je to len pozostatok sna. Vstanete z postele, bolí vás hlava a vy viete: mal som nepríjemný sen. Nepríjemný sen vždy čímsi menej či viac konkrétnym ľaká. Hovorí o škvrne na plátne nášho života? Útočí zlou predpoveďou? V mojom prípade to nebol sen. Spôsobom svojho minulého života som sa k stoke blížil, potom som do nej padol, a aj keď sa mi podarilo z nej viackrát kolenačky vyjsť na svetlo sveta, oči okolia ma v ňom nikdy nevítali a môj vlastný pohľad bol pohľadom bolestivo privieraných očí. Nič, nikoho nevidieť! Ani sám seba, svoje vnútro. Kto mi obnažuje v určitých chvíľach srdce? Bilo chorobne, nástojčivo - bilo natoľko výhražne, že som proti svojej vôli zaklopal jedného dňa na dvere obvodnej lekárky.

Prečo som nehľadal pravého lekára? Bál som sa jeho nárokov. Príkazu: prebuď sa, kto spíš! Chcel som spať duchovne, pretože... ako môže ležať v pos-

teli človek, ktorým lomcuje triaška a z ktorého steká
v prúdoch potu acetón? Ktorého páli žalúdok, preto-
že potrebuje piť a nemá ani kvapku alkoholu? Odkiaľ
vziať na denné dávky peniaze?

Žena a dve deti. A muž - troska. Videl som ich len
cez hmlu. Neboli pre mňa reálni. Napokon, pohybo-
val som sa v realite len vo víziách, vidinách, kde je
všetko dovolené. Keď som predsa nad sebou zbadal
výstražný prst, zatváral som radšej oči a ak zavreté
oči nepomáhali, krútil som sa od bolesti a bezmoc-
nosti v posteli.

Vonku deň, vo mne - tma. V takých chvíľach som
závidel ľuďom - disciplínu a poriadok! Každému,
nech bol akýkoľvek! Závozníkovi, predavačke, upra-
tovačke. Oni žili v správnej forme svojich denných
povinností. Závozník zoskočil z auta, naloženého
prepravkami pivových fliaš, predavačka zratúvala za
pokladňou ceny tovarov a upratovačka zametala v
bloku vestibul, spokojná, hoci všade okolo nej bol len
prach a zvyšky odpadkov. Závidel som ľuďom, o
ktorých som sa predtým neoprel pohľadom.

Potreboval som oporu, záštitu, niekoho, kto by ma
v mojich ustavičných sklzoch a pádoch zavše zachy-
til, kto by mi povedal: neboj sa, som nablízku. Žil
som v ustavičnej hrozbe. Stihomam? Strach z mno-
hých previnení?

Žena, deti? Prepíjal som svoje aj ich peniaze.

Spisovateľ? Príživník? V deň, keď som sa so svojou
ženou spoznal - bol som iný?

Ten deň!

Matka bežala od telefónu do mojej izby v dedine, v ktorej sme žili, pretože niekto mal o moje schopnosti záujem! Priamo riaditeľ! Riaditeľ z krajského mesta má v centre svojho záujmu mladého dvadsaťtriročného chlapca. Čo chce?

Teba - teba chce!

Mňa?

Zdalo sa mi, že žijem v závetrí a zrazu? Na linke je krajské mesto! A ja – nejakým spôsobom dôležitý! Vždy som to vedel, tušil! Preniknem za hranice všetkých konvencií, a ak na mňa dedina zabúdala alebo ma vnímala len ako extravaganciu, svoju exkluzivitu, tak časom pri mojom mene stíchne a bude prikyvovať na znak súhlasu. Áno, ja budem meradlom, od ktorého sa budú odvíjať určité - a nemalé – hodnoty! Ja budem stupnicou, pomocou ktorej sa budú môcť zorientovať v spoločenskej či vo svojej privátnej, osobnej situácii. Ja budem pozorným načúvateľom mnohých! Tým, kto si už teraz svojou mimoriadnou schopnosťou - svojím spisovateľstvom! - stavia v dedine pomník a rydlom vlastnej dôležitosti ryje na dom, v ktorom žije - na faru, v ktorej žije s rodičmi - pamätný nápis.

Začal som pracovať v krajskom meste, vo vydavateľskej budove v redakčnej miestnosti.

Kde som býval? V internáte. S kým? S priateľmi vysokoškolákmi. Nebola to pravda. Žil som s dievčaťom v jej garsónke. So slobodným dievčaťom, ktoré, ako sa zdá, nikoho nemalo. Aké výhodné! Mať mileneckú strechu - strechu vydavateľskej redaktorky - nad hlavou v meste, kde by som za iný podnájom platil peniazmi i svojou slobodou a rôznymi obmedzeniami. Disciplína v nejakom cudzom dome? V byte s ľuďmi, vedľa ktorých bude nutné žiť v kompromisoch?

Svoje telo som mal priveľmi rád. Ono by sa malo stať terčom cudzích očí? Cudzích uší? Cudzích mozgov a ich zhodnocovaní? Žiť pod kontrolou, pod dohľadom? Ja, ktorý som bol vždy zvyknutý na voľnosť? Nespútanosť myšlienok! Myslieť, ako chcem! Kým iní brali do úvahy aj praktické nároky života a vnímali aj právomoc svojho okolia, ja som zhodnocoval spoločnosť vždy zo svojej pozície a s pocitom, že sa nikdy nemusím zúčastňovať na akciách a udalostiach, ktoré ňou otriasajú. Mal som svoj program, svoj cieľ, svoje životné pravidlá - mystické, trochu výstredné - za kruhom bežných starostí a povinností.

Áno, ostal som v byte svojej budúcej ženy, hoci dovtedy to nikomu nedovolila. Odovzdala sa mi, lebo za mojím úsmevom videla len úsmev, úsmev, úsmev.

Bol to však vždy úsmev? Nebolo to aj kalkulovanie? Aj príprava na rozchod? V čase, keď už strechu nad hlavou nebudem potrebovať, zmením tok svojich rečí. Pokúsim sa jej pozrieť po prvý raz pravdivo do tváre. Aká bude jej reakcia? Bál som sa odvety? Spoliehal som sa na čas - ona sa ma nasýti, presýti.

Stoka môjho života už bola v horizonte.

Kde bol vtedy môj Boh? Hovoril som jej o Ňom? Nevidela Ho vo mne. Ja a veriaci? Počula moju modlitbu? Videla v mojej ruke Bibliu? Vedela, kde je kostol, ktorý navštevujú ľudia môjho vierovyznania?

Kde bol môj Boh? A aký bol?

Tvrdil som jej, že Boh nie je morálka. Boh nie je mravnosť. Čo teda je? Milosť. Hriechy sú teda dovolené? Nie sú dovolené, ale jestvujú. Asi takýmto paradoxom som jej odpovedal, aby som obhájil vlastné viny i to, že od tých, ktorí žili okolo nás ako neveriaci, sa viditeľne nelíšim...

Niečím predsa! No tým, že VRAVÍM: Boh existuje. Ona zvykla tvrdiť, že Ho niet, hoci prázdno jej dovtedajšieho života ju neraz nútilo pýtať sa: kto také ťažké, tvrdé, neúprosné prázdno, ktoré občas ľaká, ako môže ľakať len prázdno Vesmíru, zvládze naplniť niečím, čo hneď nevyprchá? Muž? Láska? Rodina? Deti? Peniaze, majetok?

Jej výlety za hranice. A aj z týchto výletov sa vracala rovnaká, aká na ne odchádzala - ťažisko bolesti či šťastia sa ani v inom svete nepresúva. Dôrazne sa ozýva tá istá struna. Kto ma naozaj osloví? Raz a navždy? Na život a na smrť vážne? Akýsi juhoslovanský režisér? Akýsi námestník, riaditeľ, akýsi redaktor? Obrátiť sa, spozornieť, a byť uspokojená len čiastočne. Len trochu.

Smäd po Pravde?

Sedel som pred ňou v jej garsónke a zdal som sa jej pravdivý. S väčšou mierou Pravdy v sebe ako ostatní. Mám aj svojho Boha a ona nemá žiadneho. Chcela vedieť niečo o mojom Bohu? Verila mi, že Ho mám, viac ju nezaujímal. Tým Bohom som bol pre ňu dokonca zvláštnejší. Verila, že vo mne nájde hľadanú istotu.

Dovtedy som si myslel, že žijem napriek všetkému v Pravde. Ale od chvíle, keď som sa k nej nasťahoval, vedel som: žijem v Lži. V klamstve, v pretvárke, vo falši.

Spomenul som si na previnenia známych - a lavína s ľuďmi, ktorí boli poznamenaní hriechom, sa zrazu pohla; koho mala zasypať? Moje viny, pochované previneniami iných, budú mať už len malý dosah. Niet ich! Tí všetci „hriešnici" teraz žijú pokojne v každodenných starostiach... i ja tak budem žiť!

Vina však trvala. Garsónka sa zmenšila, plafón nás tlačil k zemi, steny sa zmršťovali. Ozvalo sa srdce. Čo ti je?

Ľakal ma zvonec. Niekto zvoní! Za dverami bude stáť cudzí muž, čierny posol, ktorý povie: Matka! Umrela ti matka! Utrápil si ju, zabil. Z hrobu viac nevstane, preto jej nikdy nepovieš: Odpusť. Čierny posol, satan! S úškrnom, s úsmevom, šťastný, že znovu niekoho dostal pod svoje pazúry. Mňa?

Strhol som sa zo sna a do rána som sedel v kresle od starožitníka so strhanou tvárou. Zdrapil ma!

Ona spala. A ráno unavene mlčala - videla môj nepokoj, strach, obavu.

Onedlho - aby ma zvonec nerušil a neľakal - kúpil som si fľašu vína. Víno sa stalo mojou bariérou, barikádou. Tou som sa chránil, ale z nej som, po dopitej fľaši, mohol aj útočiť! Na život, na všetky ťažkosti! Presvedčil som svoju milú: aj šťastie prichádza spolu s vínom. Po víne ho lepšie začujeme. Pri gramofóne s platňou Beazovej, pri speve Mustakiho, pri sviečke... Na váľande, opretí o stenu. Prikrytí dekou. S pohármi v rukách. Vonku počuť výťah, auto, vonku je cudzí svet a my sme svoji. Blízki, tí, čo k sebe patria a budú viac patriť, šťastní.

Ale vina sa nestratila, nezmizla, vina sa len na krátky čas odporúčala, aby prišla znovu, už posilnená. A opäť biela tvár. A znovu neistota v každom kúte. Slová? Mohol som ju presvedčiť, že to s ňou myslím vážne, keď sme tak - a práve len tak a nikdy ani sčasti inak - žili už zopár mesiacov?

Oči susedov si nebolo možné odmyslieť. A ona, dovtedy naozaj žena, naozaj dievča, sa mojou prítomnosťou vo svojom byte spochybnila.

Dosť, vravela so sklonenou hlavou. Dosť, šeptala a ja som čakal, kým ju záchvat pominie. Potom som si v duchu vravel i sám: Dosť! S plnou cestovnou taškou v parku som zastal. Na autobusovej stanici som sedel ako človek, ktorý trpí. Ale prečo trpieť, keď to nie je nevyhnutné? Ani trochu utrpenia, ani štipku! Preč s ním!

A znovu som zvonil vedľa jej dverí! Otvorila - kruh sa predo mnou otvoril a zasa uzatvoril. Nasledovali ďalšie: desiatky, stovky, tisícky kruhov! A stále iba kruh, od seba k sebe a ona na jeho okrajoch. Uprostred stála fľaša vína.

Výstražný zvonec? Čierny posol so správou: Tvoja matka je mŕtva?

Fľaša!

Oči susedov, priateľov a známych?

Fľaša!

Pohľad Boha?

Boh klopal na srdce! Ako sa ho zbaviť? Ako sa zbaviť srdca?

Hľadel som na prázdnu fľašu a vravel som si: preč s hodnotami. Načo sú mi hodnoty? A vôbec: musia byť? Sú nevyhnutné? A odtackal som sa po sveter.

Začal som Boba opúšťať, odchádzal som tam, kde podľa môjho predpokladu nebol.

Krčma, mazľavé, smradľavé vlasy, pot, pivo, moč, dym. Nadávky.

Kde bol môj Boh?

Spomenul som si na nedele doma? Fara, ktorá musela vždy kapitulovať pred rukami mojej matky, hoci tie ruky boli choré, unavené a slabé? Na stole váza s orgovánom. Vôňa čistoty a pravdy. Pravej Pravdy, z ktorej kvapkala krv pokánia? Tie rozľahlé priestory ticha, keď som býval doma sám! Fara ako symbol oddelenosti, Boh je tam správcom, tam žijú tí, ktorí vyznávajú Jeho meno! Ktorí si Ho ctia! Modlia sa k nemu!

Modlia? Na modlenie bol kostol, modlila sa mama. Čítala žalmy. Každé ráno. Každý večer.

Doma som nemohol byť vinný, pretože ak tam neplatili iné konvencie, jedna predsa: bola to konvencia fary. Ak chýbala modlitba, nechýbala Biblia. Ak chýbala pokora, nechýbal čierny plášť a čistý oblek. Ak sa z každodenného rozhodovania vytrácala autorita Boha, nevytrácala sa z rozhodovania či ísť alebo neísť do chrámu. A ak aj v našich srdciach nebol Boh, v chráme bol. Úpenlivo o tom presviedčal organ, melódia, nápev, spev zboru. Kázeň z kazateľnice, modlitby stovák hláv v náhlom nedeľnom tichu. Modlitby tvárí pred inými tvárami...

Kde bol môj Boh vtedy? V chráme, v srdci, v zborovom speve, v nápise: Kážeme Krista?

V autorite otca? V liturgii, v pravidelnom poriadku nedeľnej bohoslužby? V kruhu najvernejších?

Nedeľa v kostole a pri kostole. Pri jeho otvorených bránach. Stretli sa „verní"; verní svojim pravdám a skúsenostiam. Namiesto otázky: čo je nového v tvojom duchovnom živote?, otázka: čo nového máš vo svojom dvore? V tvojom dome?

Závidel som farníkom - pohŕdal som nimi? Závidel som im ich klobúky, košele, obleky, vydrhnuté chrbty, dlane rúk, závidel som im, že „mali vždy všetko v poriadku" a skoro nikdy ťažkosti „na hrane života"? Ich základný postoj bol uložený ako v trezore, ako v banke, ktorá sa počas života otvára málokedy. Otvára sa len raz: po smrti a otvorí ju Boh. Akoby teda mohli vzniknúť v takom trezorovom živote neporiadky?

Zvady, krčma, nevery, kamuflované krádeže, to patrilo do nižších sfér, tam bol autoritou iba zákon a zákonu prejsť cez rozum možno, lebo zákon je okres, zákon je kraj, zákon je... vláda? Vláda má svoje starosti a nie to, či niekde zmizlo vrece cementu alebo či je vrchný majster na stavbe neverný svojej žene. Bola to nevera voči Bohu? A nakoniec: žena si ju zaslúžila!

Nedeľná polievka a mäso, otec a matka a sestra. Nikto nám v skutočnosti nechýbal, boli sme v plnom počte.

A popoludní zazneli zvony znovu.

Už však nie v mojej blízkosti; ja som už vchádzal do garsónky, v ktorej žilo neveriace dievča. Napokon, nevera bola mojím posledným tromfom - ak nepovie Bohu áno, musí porozumieť, že ja mám v takom prípade právo povedať raz a navždy: nie...

Netušil som, že dievča podstúpi zápas. Okrem zápasu s mojím a svojím telom aj zápas o svoju dušu, o ducha.

Vedel som, že chodievam a žijem v blízkosti stoky? Vedela to ona? Zápach hniloby sme už cítili, vnímali sme i rozklad dovtedajšieho súladu, no našich tiel sa zatiaľ tie procesy nedotýkali. Bola to len naša domnienka, alebo pravda?

Kdesi vo vzdialených ozvenách svedomia zneli informácie. On je pijan. A ona - pochybná žena. Pretože muž je prinajhoršom smilník, ktorého smilstvo sa zrodilo zo smilstva ženy. To ona! Ona mu podala ovocie stromu! On len počúvol a napriek jasnému príkazu Boha ho vzal!

Nakoniec, čo som urobil? Čo každý tretí človek okolo mňa. Spoznal som ženu bez snubného prsteňa na prste a žena bez takého prsteňa spoznala mňa. Stalo sa jediné: padol ten najvyšší stupienok, na ktorom som dovtedy stál. Už som nebol výnimočný. Už som nebol panic. Už som bol „v rade", ba onedlho začnem s kýmkoľvek splývať a ktokoľvek si ma s kýmkoľvek môže pomýliť.

Začal som si vravieť: Nech ma radšej nevidno, práve tak je dobre! Skrýval sa Adam po neuposlúchnutí Božieho príkazu, skrýval som sa aj ja.

V krčme, za inými podpitými tvárami. Tam Boh nie je, tam sa nikoho na nič nepýta, tam je mu všetko jasné. Len nech neznejú otázky! Jednoznačné tvrdenia ešte stále možno, keď na to bude vhodná situácia a čas, vyvrátiť. Ako?

Tá krčma bola náhodná. Ten pohár, z ktorého pijem, je síce pohárom opilcov, ale ja medzi nich nepatrím. Som tu len na skusoch. Je to prozaická, spisovateľská zvedavosť. Nástrahy? Nebezpečenstvo?

Nie. Ja totiž viem, z akého dôvodu pijem. Po odstránení príčiny krčma zmizne. Zostane len pohár vína v spoločnosti tichých géniov.

Pohár vína!

Pohár vína, môj cieľ. Piť, piť! - a nijaké myšlienky! Kto ma obviňuje? Dajsamisvete!

Ona mlčala.

Potom sa tupo dívať z okna, z balkóna. Vidieť zdravých ľudí. Takým opäť budem! O mesiac, o dva, možno o tri. A hoci až o rok!

Všetko je proces. Každý začiatok má svoj koniec. Momentálne som v jeho druhej tretine. Riešenie príde.

Ako, aké? Jedného dňa sa ocitnem niekde ďaleko. Nebude tam garsónka, nebude tam ona, bude tam iný Boh. Boh, ktorý ma znovu začne chápať. Všetko je otázkou správneho objasnenia príčiny a následku. Vedieť povedať „prečo"! Presne, dôveryhodne! Vedieť povedať: toto nie je môj program, môj život. Môj život sa žije a bude žiť tam.

Kde? Ďaleko. V budúcnosti; V prostredí, kde mi nebude visieť nad hlavou vina.

Ona povedala: Choď preč!

Preč? Uprostred problémov? Problémy sa musia zoradiť, skonštituovať, spriehľadniť. Musí v nich byť nejaká hierarchia! Priechodnosť! Ako možno ísť preč ponad rozhádzané predmety, veci, papiere... a s neusporiadanými myšlienkami? Bez svetla? Preč možno odísť len z presvetleného priestoru, a z takého sa nakoniec - ako každý vie - ani neodchádza.

Na čo sme čakali?

Na koniec búrky, dažďa, hmly...

Potom som predsa len otvoril Bibliu.

Svedomie nám upokojí Boh.

V nedeľu pôjdeme do kostola!

Keď som jej to povedal... zosmutnela, zarazila sa?

Možno na to hľadať rôzne výrazy, každopádne objavil sa na mieste, kde nás ľakala priepasť - most. Ale manželstvo? Pre mňa čosi nereálnc! Ešte doň len dozrievam! Som predsa závislý na slnku, na vlahe, na okolnostiach dozrievania. Môžem rozkázať prírode, aby urýchlila dozrievanie plodov pod nejakým zvláštnym skleníkom? Pod tým, pod ktorým sme spolu žili, sme len hnili.

Prežívala obdobný rozklad ako ja...

Teda začneme rúcať steny? Priehrady? Zničíme, zlikvidujeme všetko, za čím sa občas jeden pred druhým skrývame, utajujeme?

V našom vzťahu som hlásal úprimnosť tela i myšlienky. Stráž pre naše ústa som neuznával.. Ak sa myšlienke žiada von, prosím! Tvrdil som: skúmajme sa nahlas! Robme všetko v mene svojho sebapoznania! Šlo mi však o iné. Objaviť, vykutrať z našich hĺbok vzájomnú nespôsobilosť spolu žiť. Opäť klietka!

Každý môj pohľad bol pohľad spoza mreží. Lomcovať nimi? Aj to som skúšal - ona ten zvuk spočiatku znášala, potom si stláčala uši. Nie a nie a nie! Tak choď na ten vzduch, ak sa ti tak žiada!

Ale ja som bol náhle svojím predstieraným útekom na slobodu, kde je všetko, čo potrebujem a čo v jej blízkosti nemám, vyčerpaný.

Tak chod'!

Dvihol som tvár.

Nie, tvrdil som. Ja nechcem utekať! Ja hľadám Pravdu!

Akú pravdu?

O nás, o sebe, o tebe, Pravdu, okolo ktorej sa točí poriadok, spravodlivosť, morálka, mravnosť! Toto, v čom žijem, predsa skutočnému životu neprisviedča!

Hľadal som Boha? Nie. Hľadal som únik - prial som si opäť urobiť všetko podľa svojej vôle. Dnes tak, zajtra inak! Môcť, ak sa mi to zažiada, poprieť každé svoje tvrdenie. Potreboval som ustavične otvorené zadné dvierka. Nebyť ničím a nikým viazaný! Žil som pod svojou prvou veľkou skúškou. Veď dosiaľ som sa nemusel vo svojom živote pre nič, v čom by mala byť vážnosť života a smrti, rozhodnúť, chcel som žiť iba v tom, čo podľahne môjmu výberu; mať vždy moc!, posledné slovo niečo prijať a niečo odmietnuť! A tu ktosi –ona– odo mňa žiada neodvolateľný názor! Začína formulovať zákon, poriadok, pravidlo, ktorému mám i ja sám denne, a to až do smrti s úplnou vážnosťou, podliehať! Problém nášho „manželstva" zvýraznil moju neochotu a neschopnosť sa pre čosi životne záväzné so všetkou zodpovednosťou rozhodnúť.

Niesť na svojom chrbte zodpovednosť! Náročné, náročné, náročné!

Nároky, vztiahnuté na mňa? Práve na mňa?

Ja v centre takého pohľadu, s ktorým sa nemožno zahrávať?

Ale veď: usmejme sa.

Chytiť jej tvár do rúk a povedať: všetko bude dobre. O nič nejde. Načo sa znervózňovať? Sadnime si v pokoji oproti sebe a všetko si vyjasnime.

Nepovedala Nie - sklonila hlavu. Nešlo jej už o mňa, nie o mňa sa bila. Šlo jej o všetko, čo stratila a strácala.

Česť? Vieru v človeka? V muža? V manželstvo? Vieru v poriadok ľudského srdca, toho malého, ale nikdy ľudským umom neprebádaného svetového vesmíru? Srdce a v ňom milióny, možno miliardy galaxií! Po ktorej sa teraz pohybuje ona a po ktorej ja? Nepanuje medzi nami naozaj večné, nepreniknuteľné ticho? Tma len s občasnými zábleskami iných planét a hviezd? Kométy padajú. Na chvíľku zasviští ich chvost a ty si môžeš niečo priať. Čo si praješ? Po čom naozaj túžiš?

Túžila po pokoji. Rozumel som, prikyvoval som, povedal som: Aj ja hľadám riešenie. A ona dvihla tvár a povedala: Si dieťa.

Urazilo ma to? Bol som dieťa, chcel som zostať dieťaťom. Nesvojprávny, dieťa, ktoré neslobodno brať v konečnom dôsledku vážne, ale počas jeho smiešnych a trápnych priebežných úvah a nedomyslených počinov vždy. Veď aj dieťa chce žiť. Aj ono chce mať svoj piesok!

Ale prečo piesok u mňa? Prečo tu?

Prečo? Lebo v tomto meste pracujem. Spolu s tebou! Tvoj stôl stojí oproti môjmu stolu, dýchame vzduch medzi tými istými stenami. Od rána - do popoludnia!

A potom znovu tu, u mňa, povedala. Prečo?

Lebo neviem, kde mám žiť. Tu ma vyhodila vlna. Tu je ostrov slobody i neslobody, na ktorom žiť chcem i nechcem. Kde je mi dobre i na smrť zle. Tu je križovatka mojich prianí. Tu vravím áno a zároveň si myslím nie. Tu som vo svojom najkrutejšom nepokoji, ktorý sa za mnou všade vlečie. Je definitívny koniec niekdajšiemu smiechu, pitiu bulharského koňaku za vydavateľským stolom, je koniec absurdnému tancovaniu pod lampou pred polnocou, je koniec ľahostajným úsmevom...

A potom - prišla jej matka s demižónom ríbezľového vína, ktorý jej pomohli vliecť náhodní okoloidúci; a mlčala. Jej dcéra sa vydá? Nebola si istá - nepýtala sa...

Počula len, že ten muž vyznáva Boha. Je synom farára. Jeho konfesia je inou konfesiou, než s akou má sama skúsenosť - ale Boh je jeden. Niet dvoch Bohov. Niet?

Nežila jej matka v klame? V omyle, na ktorý nedovidela? Nežila v kruhu povier? Nevyznávala boha slnka, boha zeme, boha mora, nevyznávala Mesiac, Slnko a Venušu, nedrmolila medzi perami meno Marduka, Bála, bohyne Aštarty, Afrodity, a predsa... A predsa povery, kúzla a čary obchádzali jej mozog ako revúci diabol a pokúšali ju.

Bolí ťa hlava? Odšuchtala sa po uhlíky.

Načo uhlíky?

Hodíme ich! Hodíme uhlíky! Popľujeme čelo, zapálime byliny, budeme vdychovať ich dym.

Staré ženy majú na rôzne choroby svoje prípovede. Prečo sa im brániť? Pre svoju falošnú modernosť? Myslíte si, že svety sa menia? Že dávny svet sa do seba celkom zrútil a povstal už iný? Nie, tisícročné kráľovstvo na zemi ešte nie je. Ešte stále žijeme v starom svete! Je tu Boh a je tu satan. Je tu večná Pravda a je tu večná Lož. Kto rozlíši v tej mixáži, čo je prvé a čo druhé? Uhlíky patria k Pravde? Nepatria k nej? Uhlíky pomáhajú! K čomu, načo?

No veď uvidíš - prestane ti bolesť hlavy.

Z variča, z plynového kahanca, stúpal dym. Dym pravdy, pokory, pokánia, odovzdania sa Bohu? Dym zaklínadlo! Dym s mocou, o ktorej pôvode nemohol nikto nič vedieť...

Čierne mačky! Vrany! Kuviky, sovy! Bociany, ich mláďatá... keď sa raz čosi v našom dome udialo, spadli z hniezda. A smrť príbuzného začujete v prasknutí nábytku! Sily sa prejavujú, obchádzajú nás, hovoria nám všeličo v zvukoch, len my im nerozumieme!

Smial som sa.

Ale po žene v tmavom, po žene s takouto čiernou myšlienkou, ostal nepokoj.

Nechápeš, čo robí? Vlastná matka ťa všelijako zaklína a odklína! Ale z čoho a prečo? Pre teba alebo od teba?

Netrp jej čary a žiadne kúzla! Drobné vrecúško so sušenými, „posvätenými" bylinami v dlani... a potom v koši.

Dvaja mladí ľudia!

Dvaja mladí ľudia za stolíkom, pred zatiahnutými závesmi, s fľašou vína. Jej telo ležalo na dlážke; nahé dievča, dospelá žena, v polohe prenatálneho štádia.

Kde zastal vývoj našich mozgov? V ktorom štádiu? Osvietenstvo, racionalizmus? Po romantických kŕčoch vek kritického rozumu? Vedecká a technická revolúcia?

Lekár nepovedal nič. A potom predsa povedal: Odpočiňte si.

Sedel som v kaviarni pri fľaši mirindy a bál sa, že v sebe nosí zárodok dieťaťa. Oknom som videl: prichádza...

Vieš, čo by to pre moju rodinu znamenalo? Pre mňa osobne? Ak si nepočula nič o kameňovaní, tak to nepochopíš! Uváž, čo je kresťanská tradícia! Ako sa musí udržiavať: Čo jej môžu spôsobiť takéto fľaky? Tradícia začne praskať! Naša! Naša rodinná tradícia! V mojej matke sa nedorežeš krvi! Otec onemie! Kresťanský zbor dvihne hlavy a dostane sa do zmätku, a potom ma hodí do „rozkrúteného bubna rečí, medzi mlynské kolesá"!

Nečakala dieťa; doktor s mäsiarskymi rukami jej povedal: Žiadne dieťa! A predsa plod nášho života, nášho konkubinátu, už jestvoval...

Bol ním hriech, ktorý plodí smrť. Bol to plod Smrti. Blížili sme sa k nej krok po kroku, strácali sme krv a životaschopnosť.

Jedného večera kráčala z vydavateľstva ako pred náhlym zrútením, pádom.

V reštaurácii som do nej vlial pohárik pálenky. Tam sa medzi nami zrodila nová dohoda, nová zbraň proti každému nepokoju - sex! Aštarta, Afrodita, Venuša? Bohyňa plodnosti? Rojili sa okolo nás jej kultické kňažné, prostitútky nového rituálu?

Kto okolo nás krúžil? Boh rozumu? Boh umenia? Boh, bôžik, bôžikovia tohto sveta? Modly, sochy, tesané kamene? Stavby, chrámy? Krútila sa nám z toho hlava?

Chrámy so svojimi nádhernými zvukmi organov? Chrám?

Kostol? Lavice plné žien, lavice s mužmi, so starnúcimi i celkom starými rukami? Tiché tváre, cez ktoré sa už prehnali všelijaké príboje? Teraz tie tváre mlčia! Neplačú, neohradzujú sa, neprotestujú, nekričia nič v zúfalstve ani v šťastí, mlčia! Mlčanie ako znak pokory? Keď Boh hovorí, človek musí mlčať!

Hovoril k nám? Vystavili sme svoje životy Jeho Slovu a Jeho pohľadu? Chrám, klenba, hrubé múry, izolácia od sveta a praktických problémov. Odtrhnutí od všetkého, čo nás zvieralo, sedeli sme v kostolnej lavici a počúvali skôr ľudské ako Božie Slovo. Hovoril k nám človek, pretože z reči človeka si stále možno vyberať. Boh? Boh žiada jednoznačnosť. On vraví: dvom pánom slúžiť nemôžeš.

V plnosti si Ho vypočujeme neskôr. Teraz je aspoň trochu dobre. Organ dohral a v našej duši utíchol uragán. Bude dobre, pravdaže bude! Vyšli sme z kostolných dverí a svet sa pre nás znovu otváral.

Prestal som piť? Prestali doliehať zlé, temné myšlienky? Opäť som stál v kruhu, ibaže s falošným prídelom pokoja vznikla ilúzia voľnejšieho pohybu. Ak nás začne kruh znovu zvierať, opäť pôjdeme do kostolných lavíc!

A pokoj príde...

Uverila mi? Bola len ľahostajnejšia, len otupená. Svet, kde si? Opäť príď medzi nás, chceme začať znovu žiť!

Nedeľa mala byť vyslobodením z bahna. Spomedzi paplónov, ušpinených posteľných plachiet. Nechať za sebou pováľané fľaše, zbaviť sa aspoň pohľadom zmätku a neporiadku, dať sa vytiahnuť slnečným ránom do poloprázdnych ulíc.

Nastúpiť do električky, v ktorej sedeli kresťania z rôznych zborov. Hľadel som na nich a prebiehal vo mne chaos. Mám právo vojsť medzi tých, ktorí si počas týždňa naozaj zmyli viny zo svojich rúk? Alebo to bolo zmytie spôsobom Piláta z Pontu?

Trpel pod Pontským Pilátom, ukrižovaný zomrel...

Ale Pilát povedal: čistý som od krvi toho Ukrižovaného. A umyl si ruky pred všetkými, ktorí kričali: ukrižovať, ukrižovať! Kedy to kričali? Keď sa ich opýtal, koho im má prepustiť: lotra, vzbúrenca Barrabáša, alebo Ježiša? A zástup kričal: Barrabáša! Čo teda urobím s tamtým? Ukrižovať, ukrižovať!!!

Piláta varovala jeho vlastná žena: nemaj nič s tým spravodlivým, tejto noci sa mi snível zvláštny sen!

A Pilát si umyl ruky a „zbavil sa všetkých vín!"

Nie, takto si umyť ruky nemožno. Ani oni, ani ja. Ani tí, ktorí vystupujú na určenej zastávke blízko kostola v drahých kabátoch s pachom voňavky a naftalínu, ani ja a ona. Ba my sme azda k Bohu bližšie, pretože sa cítime naozaj vinní! A Boh je Autorita, pred ktorou niet jediného spravodlivého!

Potreboval som však Boha alebo kostol?

Sedel som v kostole so sklonenou hlavou: moje viny nech prejdú povedľa mňa! Na ich ostrie ešte nie som pripravený. Nech na mňa Boh zhliadne milostivo.

Prsty organistu hrali finále. Vzduch bol vonku zrazu čistší.

Ako jeleň dychtí po vodných bystrinách, tak dychtí moja duša po Tebe, ó Bože! Duša mi žízni po Bohu, po živom Bohu, kedy pôjdem a uzriem Božiu Tvár? Slzy sú mojim chlebom vo dne - v noci, keď mi neprestajne hovoria: Kde je tvoj Boh?

Kde je môj Boh?

V ďalekej dedine, v kostole s tvárami, ktoré som po celý život, až do svojho odchodu do vzdialeného mesta vídaval? Tam, kde je moja matka, otec, sestra? V kostole, kde som mal „svoju lavicu"?

Je na fare?

V garsónke, kde hľadím na svoje dievča, ako pripravuje nedeľnú riedku polievku s vyschnutým kýptikom petržlenu, ktorý kúpila na mestskom trhu ako jeden z posledných - tu nie je?

Pán Ježiš opäť klopal na moje srdce - ale ja som mu neotvoril...

A čo ak príde čierny posol smrti, satan?! Čo ak práve teraz zazvoní a povie s úškľabkom: umrela ti matka?! Umrela?!

V pravej ruke fľaša, v ľavej pohár. Ochutnáš nedeľné víno? Druhý, tretí pohár, a večer... a večer zase?

Tma, noc; ona spala blízko mňa a ja som si vravel:

Kde je tvoj Boh? Na to chcem spomínať a vyliať svoje srdce, že do Božieho domu v zástupe som chodieval za hlasitého plesania a vďaky so svätiacim davom. Prečo si skleslá, duša moja, a zmietaš sa vo mne? Očakávaj na Boha, lebo ešte ďakovať budem Jemu, spaseniu svojej tváre, svojmu Bohu.

Svojmu Bohu!

Akoby môj Boh už nebol celkom mojím Bohom. Prečo? Lebo klope a ja mu neotváram? Preto, lebo Ho nechávam stáť vonku?

Musí pochopit1 Ak by som Ho vpustil dnu... čo by v mojom srdci našiel? Neresti! Záznam smilstva! Filmový kotúč pravdy o mne a o nej. Môžem sa naň v Jeho prítomnosti dívať? Nech teda radšej kotúč plieska? Mám hľadieť na prázdny obraz? Skončený film?

Áno, čosi sa musí skončiť a čosi nové začať. Preč so starým životom? S týmto?

Nepiť. Odvrátiť v obchodoch tvár od fliaš s vínom! Ale keď tie fľaše vábia, volajú, privolávajú k sebe! Ruka sa ich už dotýka! - ešte nie?

Predavačka ma sleduje sponad preplneného regála; Odchádzam... znovu sa blížim. Račiansky výber? Dievčie hrozno? Predavačka čaká, napokon: hriech sa predsa neskrýva vo fľaši! Kam chodím na také primitívne nápady?

Písací stroj zapadal prachom. Môj stôl vo vydavateľstve osirel. Rozlúčili sa so mnou a ja som už nikam nepatril.

Sám?

Ona je mojou záštitou! Teraz ju potrebujem! Príde o štvrtej a potom... A potom si povieme, PREČO k sebe MUSÍME patriť.

Keď predtým satan hĺbil priestor stoky, vymeriaval jej veľkosť a krášlil okolie, aby sa mi k stoke príjemne kráčalo, teraz ju už začal napĺňať tekutým jedom. Ten jed si budem sám pripravovať. Budem ho vyrábať z jej potu a sĺz, a zo svojich darov, prijatých od satana. Bude to stoka s mojou rozpustenou, rozloženou ľudskosťou. S mojím rozpadnutým človečenstvom. Na jej výrobu použijem víno, pálenku s vôňou čerešní, baraciek, borievok. Premyje ma pivo. Celé strapce pohárov, ktorých sa dotýkali pery smilníkov, zlodejov, násilníkov, bývalých i budúcich trestancov, pery satana. Desiatky, stovky úst! Úst, ktoré v noci vravia: Umrie ti matka.

Ktoré vravia ráno: dni sú prázdne. Aby búrka, ktorá zametá ulice prachom, nebola taká nanič, oblizni trochu koňaku. Aby ťa slnko tak nerušilo a neudieralo ti do čela, ovlaž sa vínom a pivom. A potom niečím poriadne tvrdým, nech ten svet má konečne správne rozmery!

Čo všetko vravia ústa satana?

Smejú sa z ľudských úsilí. Tak či tak nič nedosiahneš, preto rob, čo chceš! Pretvárka? I ty sa pretvaruj! Lož? Oklam tiež! Veď čo chce človek? Ten, tamten a ďalší? V každej príhodnej chvíli, vo svojom čistom osobnom záujme sa pred tebou brániť a na teba útočiť.

Čo rozhoduje? Osobný záujem! Kto sedí v chate? Kto vchádza do veľkej, bielej budovy, kde má výplata vždy väčší švih než inde? S plnými vreckami peňazí, s plnými autami proviantu odchádzajú tí, ktorí vzdorujú Bohu! Oni môžu, ty nesmieš nič? Oni majú, ty mať nebudeš?

Ty nemáš! Nič nemáš!

Písací stroj zapadal prachom. Vo vrecku tri koruny. V krabičke dve. V kuchyni jedna fľaša. A vo vreckách? Horúčkovito hľadaj! Hľadaj! Ešte! Tam a možno tam - v tamtom vrecku! Desať korún!

O piatej popoludní je lepkavá fľaša po jablčnom víne prázdna. V žalúdku začína horieť oheň. Ústa sa otvárajú pred iluzórnym pohárom studeného piva. Hovoriť si najprv potichu: pivo. Pivo!... Potom hlasnejšie: Pivo!!!

Stretnem niekoho na ulici? Hoci toho najvzdialenejšieho známeho? Tam je! Stojí a hľadí do výkladu! Moja ruka na jeho pleci, ruka, ktorú mu tam kladie satan! Usmial sa? Ide so mnou na pivo do podzemia, v ktorom nikdy nebol? Alebo bol? Prikyvovať mu, so všetkým súhlasiť, dívať sa na orosený pohár, ktorý ponúka ulietaný čašník zo strapcov ďalších ľadových pohárov? Pivo! Prosím vás, ešte dvakrát!

Ja nabudúce...

To je v poriadku!

Ja... Takmer ho objímem. Koho? Satana?

Tam vzadu, v úzadí stojí. Pre neho je to maličkosť. Rád by si ešte ochutnal výborné sudové víno? Nech sa páči, nasleduj ma!

Ale - môžem teraz? V noci? Maličkosť! Zazvoň!

Dvere sa odomkýnajú, ukáže sa priateľ v pyžame... A satan sa usmieva otázkou: Čo som ti vravel? Úplná maličkosť.

Môjho Boha už niet. Alebo ja nie som? Ja, ktorý som sa naň kedysi aspoň pýtal? Boh je stále nablízku a ustavične sa pýta: kde si, Adam? Kde si, človek? Na koho sa to dívaš? Koho hľadáš? Od koho utekáš? Pred kým sa skrývaš?

Si nahý?

Trápi to niekoho? Nedívaj sa tak, ak ťa to trápi!

Bože, pomôž nám!, plakala matka. A otec mlčal a sestra sa chvela.

Satan napĺňal stoku. Keď bude plná, strčí ma do nej a so smiechom odíde. Odíde práve takto?

Boh ma videl. Sledoval ma i vtedy, keď som v zime zletel povedľa zmrznutého zábradlia, ktoré mi zodralo kožu, dolu schodmi, zliatymi ľadom.

Videl ma i medzi koľajnicami; na štrku, na kolenách! Tam v diaľke stáli na zastávke autobusu ľudia a tuhli. Nado mnou Mesiac, čierna obloha... hviezdička. Kto som? Som ten, kto si žije svoj život! Práve takto?

Prečo sa smeješ, príbuzná? V nedeľu, spoza stolíka so zákuskom v ruke? Strhni si z tváre masku a pozri sa do zrkadla; si prázdne vrece, pokreslené ľudskou tvárou!

A ty, zbohatlík? Meštiak? Malomeštiak?

A ty? Myslíš si, že záhradka ťa spasí?

Spasí ťa tvoja kariéra?

Si rovnako malomocný ako ja, len v krajšom vydaní! Len v aute za sto tisíc. Len pri rozostavanom dome, pri ktorom si pofajčievaš a tešíš sa z čohosi, čo po rokoch schradne. Rozpadne sa na prach!

Ako môžeš kráčať okolo hrobov, neveriaci, a myslieť si, že tvoj príbytok tam nikdy nebude? Ako môžeš v chate snívať o pozemskej večnosti, keď ťa už o niekoľko rokov čaká truhla, neveľký priestor v hline?

Teraz stojíš pred hrobom svojho otca v sviatočnom obleku a si naplnený hrdosťou, že ty tam neležíš. Že na teba hriech a smrť ešte nemá právo ani dôvod siahať! Ale čo ak pravda je taká, že satan ti stojí za chrbtom rovnako ako mne?

Smrdím ti po výparoch z rozloženého alkoholu, po ktorom mi znovu schnú ústa? Smrdím rozpadom pečene? Zacítil si moje obličky?

Stáť na cintoríne, dívať sa na hrob, na jeho pootvorenú bránu, v ktorej sa satan usmieva, a pritom... piť.

V babkinej záhradke, pred pňom so schnúcimi konármi, kdekoľvek. Ruku so sekerou poháňa vidina vína. Už o chvíľu! Už o chvíľu pohár pri ústach! A potom viac a viac! A ľahnúť si v starých šatách po mŕtvom starom otcovi do trávy, hľadieť na nebo a žiť chvíľu v opare zvláštnej otupenosti...

Čoho sa možno báť? Bielych, tichých oblakov? Tichého neba? Príjemného, letného dňa, do ktorého občas zaveje vetrík?

Spí. Spi si v tráve, veď vína je na celom svete dosť a ku každému súdku nejaká cesta vedie. Staneš sa ich hľadačom. Budeš odteraz denne nachádzať cesty, ktoré vedú k nektárom všetkých pôžitkov. Víno ti prebudí zmysly! Privolá ťa k telu!

Všimneš si ženu tak, ako si ju predtým nikdy nevidel. Jej oči, ústa, pery, krk. Predlaktie, ruku, prsty. Žien je veľa! Všade je ich dosť...

Spať v tráve - čakať príjemnú budúcnosť...

Nastane?

Do veľkomesta som sa vracal autobusom. Bez haliera, mokrý, spotený. Pred dvermi garsónky sa mi triasol v ruke kľúč. A v predstave mi krúžila fľaša vína.

Dnu? Prázdno. Priestor, v ktorom nikto nie je. Pretože ja som už bol- nikým...

A ona? Tiež bola nikým?

Dvaja ľudia s prázdnymi očami, srdcami, s prázdnom v sebe.

Hľadaj Boha! Kto mi to vravel?

Sestra v nedeľných šatách vo mne videla aspoň zvyšok človeka. Stačí mi dať len trochu nádeje. Hľadaj!

Ale ako môžem? Takýto chorý, zlý a poškvrnený? Nesmiem! Adam smel?

Boh ho predsa volal, pýtal sa naň, hľadal ho! Už si zabudol na otázku: Kde si, Adam? Boh človeka stále hľadá, pretože človek stále uteká!

Bojíš sa?

Bojím!

Nedeľa bez organu a bez zborového spevu. Bez pohľadu na klenbu chrámu. Počúvať Slovo? Nepripravený?

Publikán tiež nebol pripravený... sedel v kúte, od hanby a strachu nedvíhal tvár, len si trhal košeľu a šeptal: Bože odpusť, mne hriešnemu! Buď mi milostivý! Či chceš byť ako farizej, ktorý ďakoval, že nie je ako „tí hriešni"? Ako ten chudák za jeho chrbtom?

Nie, ale do chrámu sa predsa vstupuje s čistým srdcom!

S čistým? A čo ak sa tam vstupuje so srdcom, pripraveným kajať sa? Kto môže vyčistiť srdce, plné zla? Sám si ho vyčistíš? Tu?

Musím premýšľať! Premýšľať!...

Premýšľať?

Áno. Musím použiť rozum!

Kostol? Prestal byť živý, stával sa objektom. Stavbou. Čo sa dnu dialo? Zaujímalo ma to čím ďalej, tým menej. Napokon som naň mohol hľadieť z ktorejkoľvek uličky, ale už som ho nevnímal. I ja som tam kedysi chodieval? Aké absurdné, neskutočné. Čas vie robiť čudné predely. Čas je stena, je hrádza. Pomáha ľudskému mozgu, alebo ho ochudobňuje? Ľudský mozog, to sú živé, veľakrát zranené tkanivá. Ako ich zoceliť? Zvoliť prvé náhradné radosti namiesto niekdajších ideálov, snov, namiesto kedysi naozaj zodpovedne premýšľaného a zostavovaného programu?

Počítal som už s Bohom ako so zárukou života žitého podľa normy, ako so zárukou Pravdy a konečnej istoty?

Alebo som ľudskú nedokonalosť chápal ako celkom samozrejmý a prirodzený stav nášho vnútra, obrazu človeka? Áno, vo svojom narušenom stave sme prapôvodne - inak to byť nemôže!

Nemôže?

Načo potom prišiel na našu zem Ježiš Kristus? Čo znamená obnovenie vzťahu Boh - človek v Kristu? Nie návrat do pozície, v ktorej sme už boli? V ktorej Adam žil, kým ešte nevedel, že je nahý? Nahotu mu odhalil až strom poznania. Človek chcel vedieť! Odsunul Boha a povedal: Teraz to všetko preskúmam ja! A Boh sa opýtal: Kde si, Adam? A Adam nevedel kde je, vedel len, že sa skrýva. Jeho miesto určenia - stáť pred Bohom - sa zmenilo na snahu Bohu ujsť.

Na tej ceste som sa práve nachádzal!

Kam som od neho utekal? Do krčmy, tam, kde mi ho nikto nepripomínal? Do Kainovho dymu, ktorý sa plazil po zemi ako had? Úlisne, lživo, ktorý každému podlieval oči krvou hnevu, vzdoru, nenávisti?

Satan napĺňal stoku.

Každý, kto mu slúžil, kto stál v rade na jeho pohár jedu, sa tým pýšil. Tretie! Siedme pivo! Pálenka a víno! Ženy, zmenené na bezzubé ježibaby, ktoré sa v plači smiali a v smiechu revali. Grimasy a kŕče v rukách, ústa s oparmi, oči, vypálené strachom a prázdnotou, následne napĺňané ohňom alkoholu, ktorý nikdy neprestane páliť, šľahá ako plameň pekla: vždy ho treba uhášať a nikdy ho nemožno uhasiť!

Peklo! Oheň, ktorý stále horí a spaľuje! Spaľuje a vždy má čo páliť. Tomu, kto sa dá takto upaľovať, bude večne horieť i duša. Večne smädná, nikdy neuhasená!

Zaspal som v taxíku, dokymácal som sa hore schodiskom k výťahu, v ktorom som si od bezmocnosti sadol.

A doma? Ako som sa ocitol doma? Bol som doma? Bol to cudzí domov...voči takému som nemal nijaké záväzky. Trpím a som trpený! Odmietam a som odmietaný. Smejem sa a som vysmiaty. Gesto? Gesto k úderu? Smerom k svojej tvári? K cudzej? Odmietam!

Koho som odmietal a z akého dôvodu? Bezdôvodne! Tvrdenia, zavesené na náhodnom klinci. Tvrdenie ako puška, z ktorej treba vystreliť! Kam, proti komu? To je jedno, proti komu: je to streľba na obranu.

Preč z môjho dosahu!

Je tu niekto? Nie je?

Izba bola prázdna...

Dobre, nikoho nepotrebujem! Nikoho, nič?

Fľašu! Pohárik proti znovu rozpálenému smädu.

Hľadel som oknom na vzdialenú krčmu, bola noc, brány k alkoholu zavreté. Len zopár svetielok. Len nočný pokoj. Každý spí, v oknách je tma, - na skle „nášho" som držal spotenú dlaň. A v predstave pohárik s pálenkou. Zavrieť oči, piť. Silnú, ostrú pálenku, ktorá hneď upokojí v hlave peklo. Plamene síce nezmiznú, ale prestanú páliť. Stanem sa necitlivým. Budem ich iba vidieť, vysmejem sa im. Horte! Vidím vaše tvary, môžem vo vás stáť od hlavy až po päty a nič proti mne nezvládzete! Horte!

Horeli!

Pohárik pálenky!

Horeli, pálili! Chvel sa mi žalúdok. Roztrasené ruky, ktoré čosi hľadajú. Otvorené dvierka, skriňa, na zemi šaty, druhá skriňa, kuchyňa, chodba, obývačka, chodba, kuchyňa, obývačka. Nohy sa mi plietli, všetko bolo v jednom kruhu.

V tvári grimasa vzdoru a plaču. Už nemôžem byť vážny, nevládzem! Keby vo mne nešľahal oheň! Triem si hruď! Srdce?

Neuveriteľne tĺklo. Strácal som dych. Skúsil som dýchať z plných pľúc, - náhle: seknutie v hrudnej kosti. Infarkt? Srdce zvýšilo tempo, už aj tak stratený dych sa strácal ešte viac. Pohárik! Pomôže, pomôže!

Hľadanie; všetko na zemi, v žiadnej fľaši ani kvapka... Predsa len? Fľaša po jablčnom víne - dolu jej lepkavou stenou sa pomaly sunie kvapôčka alkoholu. Na koniec jazyka. A teraz zavrieť oči a precítiť ju. Pomáha? Vsugerovať si a vravieť: áno. Áno, pomáha!

Satan sedí v kúte a vraví: dám ti, ale až zajtra. Nepôjde to však ľahko. Budeš musieť pohnúť mozgom. Do roboty nechodíš, máš papier, si umelec. Tak si pomôž, umelec! Fantazíruj! Napi sa zo svojich predstáv! Si zúrivý? Prestaň v byte lomoziť, pobudíš susedov. Nebude to skôr, až zajtra. Povedal som: zajtra! Teraz ani kvapôčku!

Zajtra? Je pol druhej ráno. Koľko je to dovtedy hodín? Minút?! Sekúnd?!

Ráno som zbadal v zrkadle svoju tvár. Červené fľaky, vedľa úst dve ostré, takmer krvavé „čiary"; vrásky pekla, znaky ohňa, plameňa. Na čele, vo vlasoch, na chrbte - pot. A ten zápach? Rozložený acetón? A zrazu: zima! Trasavka. A potom: horúco! Suchý jazyk, zlepené ústa.

Ľudia, ako to, že ste normálni? Ako to, závozník, že tebou nič neotriasa? Ako to, žena, ktorá kráčaš s dieťaťom do škôlky? Ako to, muž, ktorý vystupuješ z auta? Susedia! Ako to, že vy svoje srdce nemáte až kdesi v hlave? Uprostred živého, odhaleného, krvavého mozgu?

A satan sa rehoce. Za mojím chrbtom? Je v inej izbe? Vpravo, vľavo?

Je sobota?! Nedeľa?!

A kde je ona?

Všetko, čo bolo kedysi konkrétne a od čohosi iného odlíšiteľné, teraz strácalo svoje znaky určenia. Kto si, čo odo mňa chceš?

Vravel som to tebe?

A vy, veci? Prečo ste práve také, aké ste a na čo ste tu? Čo si mám s vami počať?

Napokon - s čím si budem čo počínať? Prečo? Kvôli akému účelu? Kvôli komu, čomu? Hodnoty? Dajsamisvete! Aké smiešne, trápne články v novinách! Pán ministerský predseda, kto je na teba zvedavý? Vypadni! A noviny s ministerským predsedom odleteli. Vážení, dajte mi pokoj!

Ležať na posteli a vravieť: vážení - dajte mi pokoj...

Je tu niekto vážený?

Ja!

Sedím na koberci, smejem sa. Za dverami znie výťah. Ľudia majú akési povinnosti! Ľudia potrebujú prášok na pranie. Zemiaky. Ocot. Cukor, chlieb. Aké prízemné a primitívne!

Otázka: Kde je môj Boh? už neznela. Moja služba satanovi sa začala na plný úväzok.

Čo urobí satan?

Dá ma do želiez. Poviaže mocnými povrazmi. Potom ma vsadí do klietky, a v tej klietke ma ponorí do stoky. Až po ústa! Potom po nos. Po oči. Potom na okamih celého - a tak znovu a znovu, nespočetnekrát.

Čo urobí človek? V zmočených, smradľavých šatách? S dokorán roztvorenými očami, ako pred smrťou?

A možno sú to práve okamihy pred smrťou, ktorá vedie k zatrateniu!

Pľúca mám takmer bezmocné. Ústa otvorené. Dolu tvárou sa mi zlieva pot. A zrazu: som voľný?

Satan sa usmeje a zmizne.

Nie som v klietke? Bol to len prelud?

Vo vrecku - sto korún! Odkiaľ?!

Kde zrazu sedím?

Na terase akejsi krčmy. Pivo, rum! Vážna tvár. Čašník počíta, počíta, a ja som čašníkov iluzórny pán. Tak predsa len nie permanentný otrok?

Nie! Si čašníkov pán!

Ja?

Áno - máš svoju mieru panstva a panovania. Nestačí ti?

Akoby nie? Panstvo nad pivom, čašníkom a rumom mi stačí... ach, ďalší príchozí! Obdobná troska ako ja, len krajšie oholená. Človek pred stálym rozvodom. Muž, ktorý zabudol, že sa svojho času oženil. Je to už história, minulosť. Takže som pán? Som pán!

A večer znovu - stoka... Ruky, na čomsi zavesené. Na kríži? Som pod krížom? Pane Ježiši, pomôž mi!

Nedeľa mi padla na tvár. Ako zvuk lietadla, ako plafón, ako koniec budúcnosti. Ona v diaľke: čo chceš robiť? Čo chceš vlastne robiť?!

Neviem.

Sklonená hlava, všetko sa so mnou krúti. Niekto mi chytá tvár. Ona? Mala by mi schmatnúť vlasy, ale hladí mi líce a vraví: všetko ešte bude dobre.

Odkiaľ berie tú vieru? Ona, neveriaca? Veď" ja nechcem, aby všetko bolo dobre! Ja chcem len... Len piť?

Áno - iba piť...

Jedného dňa som sa predsa len ocitol v modlitebni inej cirkvi, než ku ktorej som patril. Baptisti. Tu niekde sedí moja sestra. Ale kde? Vedľa mňa stál priateľ - červenovlasý pijan z mokrej štvrte; uchechtol sa, zvedený zlou mocou. Zbor spieval piesne... sedel som tam s ľahostajnou, tupou tvárou. O čom spievajú? A prečo?

Ktosi mal výklad Slova Božieho. Starší človek, ktorý vyzerá ako obuvník. A čo to vraví? Nezmysly! Čítal Sartra? Alebo, napríklad, Bergmanove scenáre? Tú hru svetla a tieňa?

Mlč! Pravdaže! Svetlo je svetlo a tieň je tieň. Ale Bergman -

Ja?

Ty!

A kto mi to vraví: TY?

Ja!

Sám sebe?

Sám sebe!

Sklonil som hlavu, začal si ju trieť. Pokušenie! Preč, preč! A červenovlasý sa opäť uchechtol. Blázon, nerob to! Vedľa sedí mladá žena v čiernom, v ruke spevník; blízko stoja ľudia, a tí ľudia majú tváre. A my?

Kde sú naše tváre?

Ktosi mi vložil do rúk -

Spevník?

Je koniec bohoslužieb! Červenovlasý, nevieš, kde si stál! Ja si nesmiem dovoliť to, čo si dovoľuješ ty! Počuješ?!

Môžeš!

Nesmiem!

Ktosi otvára ťažké dvere: ulica, svetlo.

Von, preč!

V tej chvíli som zbadal muža a ženu. Šesťdesiatnici; usmievajú sa. Poznajú ma! Dôstojní, vážení známi - prečo ste ma kedysi uznali ako človeka s tvárou, veď ja sa teraz, v tom okamihu, nemám kam stratiť?! Už ste ma zbadali - stojíte predo mnou! Všetko viete?!

Nepohol som sa. Triezvy? Zarazený? So starou tvárou, z ktorej na stotinu sekundy zablеskla nová tvár? Tvár pokory, ktorá sa kajá? Pred kým? Pred nimi?

Vedia, vidia a predsa hľadia, akoby nevideli. Ako to hľadíte? Nezbadali ste môj natrhnutý, špinavý oblek, fľaky na rukáve, necítite, v akom acetónovom, čpavkovom opare pred vami stojím?

Do tváre mi z ich očí hľadel Pán Ježiš...

Vy, zodpovední ľudia, ktorých srdcia predsa nemôžu zniesť, vydržať, uniesť ten nápor hnoja - stojíte predo mnou bez toho, aby sa vám skrivila v tvári črta? Aké sú to úsmevy? Kto sa to usmieva? A prečo tak ticho?

Odkiaľ sa to ticho vo mne, v mojom srdci vzalo? Červenovlasý mi drme ruku, ťahá ma preč! Odíď, zmizni - a on počúvol? Ten agresívny červenovlasý je preč? Bezo mňa?

Sedel som zrazu v aute. Bola v ňom sestra, dvaja mladí chlapci... dieťa, čiasi žena. Kam ma viezli, domov? Kto im pred chvíľou povedal: Nechcem už viac piť, pomôžte mi?

Bolo vydavateľstvo, bol redakčný stôl, bola už i svadba, bol môj šok z definitívneho rozhodnutia. Už sa čosi stalo. Stal som sa nezmazateľným spôsobom skrz-naskrz... opilcom.

Nie opilcom, ktorému chutí alkohol. Nie opilcom, ktorý s rozkošou vdychuje vôňu čerešní, baraciek, slivák, sladu, hrozna. Ale opilcom, ktorý sa v alkohole utopil.

A takého utopenca viezlo v tú nedeľu auto smerom k utopencovmu bytu. Čo všetko sa v ňom ešte odohrá?

Siedme poschodie, byt. A dnu prekvapená žena.

S nádejou v očiach? V rozpakoch?

3

Rozviazanie

Z A Č A L A sa nová kapitola môjho života.

I naďalej som však žil len v sebe uzavretý, v byte, skrytý pred ostatnými ľuďmi. Prišli dvaja známi „z auta". Usmievali sa.

Z čoho sa tu možno smiať! Z môjho bieleho županu? Z mojej červenej tváre? Bola napitá potom. V očiach - tlak. Neistá chôdza. Akoby sa v mojom živote až teraz začala naplno prejavovať stratená rovnováha. Nešlo o fyzickú poruchu, - bola to porucha „z prázdna". Z nenaplnenosti života. Kde sú moje ciele? Plány?

Prestali ma zaujímať. Hlavným problémom pre mňa bol „bod odrazu". Hľadal som ťažisko. Akési centrálne miesto, z ktorého sa budem znovu môcť odraziť do priestoru dňa so všetkými jeho povinnosťami, radosťami, nástrahami.

Pretože som si všetko kedysi predstavoval priveľmi „bielo", tmavé farby ma miatli. Manželstvo je pokrkvaná nočná košeľa? Aj neuvarená večera? Aj námietky? Nárok na pozornosť voči inému, keď chcem byť pozorný len k sebe?

Daj mi chvíľku ticha! Pokoja! Mlčania! Nehovor mi, čo potrebuješ, nežiadaj nič! Je to vôbec možné, keď mám na prste snubný prsteň? Nič nežiadať!

Mal si ostať sám!

Áno, mal som...

Mesto ma vždy unavilo. Mesto bolo cudzie, ľahostajné. Mesto nebolo náboženské ani kresťanské.

V nedeľu som videl na uliciach prevahu kresťanov iných konfesií... Ich vďakyvzdávanie Bohu som začul z historicky vzácneho chrámu.

Moje? Doma v izbe... Dotyk ruky s Bibliou; bojazlivý, opatrný. Aký nárok na mňa vztiahne Boh? Potrebujem očistenie, zmierenie v Kristu, musím znovu „preukázať svoju príslušnosť k Bohu", ale už celkom inak ako kedysi v dedine, v ktorej som vyrastal.

Spomenul som si na vyhláseného dedinského opilca, ktorý sa pred polnocou tackával s krikľavým spevom domov. Koľko som mal rokov? Päť? Šesť? Ja nikdy nebudem piť! Ležal som po uši prikrytý paplónom a šeptal si: Ja nikdy. Traktoristi zoskakovali na voľnom priestranstve pred farou z traktorov a potom kráčali vo fľakatých montérkach do krčmy na obed a pivo. Počul som ich tvrdé, vulgárne slová, ktoré páchli benzínom a naftou... Moje slová budú priame a čisté!

Boli? Ani vtedy nie, preto otcov remeň plieskal; stiahnuté nohavice, moč. Čo som vyslovil? Slovo priameho odporu voči Bohu? Vedomú hanu? Nerozumel som, čo vlastne znamenal odpočutý výraz.

Ostala škvrna poníženia, ktorú živil vzdor, hnev, inokedy obyčajná hanba, pocit oddelenosti, vydelenia.

Pocit, že stojím osamelý na širokom, rozľahlom priestranstve, kde ma každý vidí so všetkými mojimi nedostatkami, mojou nešikovnosťou, ťarbavosťou. Sedel som vo svojej „bielej izbe" a srdce mi tĺklo ako kurčaťu. Ako žabe, ktorú obchádza bocian. Písal som, kreslil... Gumy, ceruzky, papiere, knihy! A v tamtej, s peknými farebnými obrázkami? Aké sú to slová? Nemecké? Denne toľko a toľko slovíčok! Sedel som v úzkej izbe, v chladnom šere a opakoval si neznáme výrazy. Spoza susedových orechov sa ozýval krik detí. Svet v dedine bol ich, moje boli domáce izby. Steny, múry. Už ide otec! Naučil som sa rozumieť významu cudzích slov?

Chodil som potom po dvore, všade nahliadal. S čiernymi podkovičkami pod očami, uši ako krídla netopiera, tenučké rúčky a nôžky. Zafúka vietor! Udrie hrom! Skry sa! Ako to, že otca búrka neľaká? Veď sa k nám blíži v tých hromoch, bleskoch, v tej čiernej oblohe Boh! Čo keď nás strestá? Má množstvo dôvodov!

Zvláštne; ako to dieťa vie? Necítil som sa dobrý, ani v duchu som si nevravel: na mňa Boh nesiahne, len som sa pýtal: Kto je to Boh? Pán Ježiš, ktorý ťa má rád! Pán Ježiš ma má rád? Áno, a to v Písme vraví nastokrát. Ovečka že Božia som, tým sa pýšim nocou dňom...

Rozviazanie

Nocou, v ktorej zasa spieval opilec! Ja nikdy nebudem piť, šeptal som si v posteli do tmy; on je zatratený, ja - spasený!

Poznal som veľa ľudí špinavých jazykov a vzdoru voči Bohu. Náš dom bol však stanom istoty, naň Boh vo svojom hneve nesiahne, faru obíde! Och, aký pokoj, že patríme k Bohu! Veď otec sa búrky nebojí. Keď hučia hromy, on si hvízda. Sme Boží! Kto nám môže ublížiť? A ak to skúsi - či ho Boh nestrestá? Sme vyvolení, oddelení, posvätení!

Už vtedy som tušil, že Božie „povolanie sa uplatňuje v mravnej čistote". To poznanie ma však zviedlo na nesprávnu a veľmi nebezpečnú cestu. Stál som na jej začiatku so svojou mravnou výzbrojou.

Nie prilba spasenia, nie meč Ducha Svätého, nie pancier spravodlivosti, opasok Pravdy a obutie do evanjelia pokoja, ktoré je misiou, svedectvom o živom Bohu v Ježišovi Kristovi: ale JA SO SVOJOU MRAVNOU TVÁROU a so srdcom, ktoré sa bálo hriechu, pretože hriech znamenal otcov tvrdý trest. Trest za narušenú farársku dôstojnosť? Trest za to, že na faru, v ktorej žije nemravné dieťa, sa pozrú kritické oči dedinčana a hlúčik ďalších oznámi: tam býva to nemravné dieťa?

Farár na kazateľnici. Tam dolu sedela pokorná žena, vtesnaná vždy do panciera príkladnej mravnosti, a s ňou i dievčatko, ktorého oči hľadeli na otca, posla Pravdy - a tam hore, na chóre, sedel medzi rovesníkmi ušatý, bielunký chlapček, ktorý musel každé popoludnie doma spať, aby pribral.

A chlapček sa stával vzorom dediny, vzorom mravnosti - dopoludnia, popoludní a neraz i večer počas týždňa sedával vo svojej kostolnej lavici so svojím spevníkom, pretože potreboval „spasenie" naliehavejšie ako ostatní.

Jeho mravnosť - istota spasenia. Nie Pán Ježiš so svojou bezvýhradnou milosťou, nie Jeho obeť zdarma, ale on - teda ja a jeho - teda moja mravná tvár...

Bože, ďakujem Ti, že nie som ako tamtí publikáni, ktorí sa jedného dňa zrútia do priepasti večného zahynutia!

Ja nebudem nikdy piť, ako ten krikľavý opilec pred polnocou v spiacej dedine!

Hoci by ťa všetci opustili, ja za Tebou vždy pôjdem, povedal Peter. A kohút zakikiríkal. Ja za Teba život dám, povedal Peter. A keď služobná dievka povedala pri ohni: Aj tento patril k Ježišovi, Peter sa všemožne bránil: Ja? Nikdy som Ho neznal! A kohút tretíkrát zakikiríkal.

A Peter plakal.

Plakal som i ja? Áno. V obývačke, v bielom župane, chorý na smrť. Fyzicky, duševne, duchovne. Sedel som pred mladými mužmi „z auta" so sklonenou hlavou, ruky sa mi chveli. Ja nemôžem ísť tam, kam vy! V nedeľu do kostola! V takomto stave! Inokedy áno, ale dnes - ukázal som im pot z otretého čela; mokré prsty.

Nemôžeš žiť sám!

Veď v mojom prípade nejde o protest! Musím len na chrám Boží znovu duchovne i duševne dozrieť. Pripraviť sa! Sadnúť si do lavice, medzi zbor, neslobodno bez vážnosti. Jeden červ nakazí celé jablko. A ja - som ešte červ!

A večer v televízii film o narkomanovi. Dvaja muži na gauči. I ona. Mlčanie. Ten muž si trhal, zamknutý v miestnosti, tvár. Nesmel von! Prvý muž povedal: Je to boj. Boj! A druhý dodal: Ale nie v svojej sile - v sile Pána Ježiša!

Počul som to, ale neprijal. Dať Pánu Ježišovi srdce? Bezo zvyšku? Aby v ňom vládol, panoval a o všetkom, čo „JE MOJE", rozhodoval?

Aj o tom, že mi v piatok popoludní povie: toto nesmieš a toto musíš? Oblial ma studený pot. Zrazu som vedel jedno: potrebujem sa stať pánom alkoholu! Potom bude všetko v poriadku. Hriechy, ktoré ma tlačia stále hlbšie do priepasti večného zahynutia, pominú a stratí sa aj rozhodujúci dôvod mojej obžaloby. Boh povie: už si v poriadku, si ako ostatní kresťania. Na tvoje zvyšné hriechy stačí milosť. Pijanstvo je provokácia - ale každodenné hriechy? Tie pristihnú mnohých; prekvapia, zarazia, obvinia! Má ich každý, budeš ich mať i ty!

Lenže nebudeš už pijanom...

Vzdať sa teda vína? Nikdy nepiť pivo? Nie, problém nie je vo víne, len v správnej miere pitia.

A aká je správna miera? Dva-tri poháriky? Nejde o počet pohárikov, ide o...

O to môcť ďalej piť!

Múdro piť!

Vravel som: Chcem skončiť s tým jedom, ale v ozvene môjho vlastného hlasu pre iných, okrem Boha, nerozlúštiteľne znelo: Na alkohol mi úplne nesiahajte! Vezmite odo mňa fľašu, položte ju na vzdialený stôl, prípadne, ak sa vám žiada i do inej miestnosti, ponechajte mi však v prípade krízy od jej dverí kľúč. Pretože som len človek, ktorý sa ešte stále chveje. Čo ak mi úzkosť znovu začne drviť kosti? Deformovať bolesťou a obavou tvár? Akou obavou?

Na svete je azda málo obáv? V našom meste, na ulici, priamo v bloku? V mojom byte? Viete vy vôbec, že som začul v rohoch izieb hlasy? Reportáž hokejového zápasu? Ozývala sa celé popoludnie, podvečer i večer. A v noci som videl tváre svetových politikov so supergrimasami. Pohľady pre karikaturistov! Nafúknuté líca, vyvalené oči, smiech bláznov! Svetové hokejové hviezdy! Konferencieri, tanečníci, herci, speváci. Akoby ku mne prišli na návštevu z panoptika. Zavrieť oči, nevidieť ich! A hokej sa nekončil: ustavičné súboje pri mantineloch. Bully! Hvizd rozhodcu, faul! Potom komentár ľahkoatletických pretekov. Šprinty! Hučanie bariér a hlas, ktorý oznamuje výsledok, meno víťaza! Potlesk! To všetko ku mne vietor privieval, prinášal. Otvoril som vyklápacie okno, díval sa do horizontu, no videl som len továrenský komín a kúdoly dymu. Bežnú premávku na ďalekej ceste. Atmosféru a obraz obyčajného popoludnia, podvečera, noci.

V noci som počul blízko vázy s kvetom hudbu. Zbory! Aké mali nádherné hlasy. Bol som nadšený melódiou a ľutoval som, že si ju neviem zapísať. Tak možno spievať len nad hrobom mladučkého dievčaťa s podobou anjela, nad strateným mladým životom...

Dvaja mladí muži sa spolu so mnou modlili. Zatvoril som oči. Prečo nevládzem byť úplne úprimný? A nepoviem: nechcem, aby ste mi s mojou pomocou odtrhli od môjho starého tela môj starý svet? Len ma trochu upravte! Natrite hojivou masťou, pomôžte mojej tvári, aby ozdravela! Potom si vyberiem zo skrine súci oblek a budem znovu „človekom", ktorý začne žiť tak ako kedysi, keď som žil „úprimne a čisto ako dieťa". Ako dieťa na fare, pred očami otca a matky. Nájdem stratenú zodpovednosť a z fľaše vína už bude v mojom byte ubúdať len občas a veľmi mierne.

Podarí sa mi to?

„Všetko, čo má vzťah k Bohu, je posvätené..." Uvádza to pod príslušným heslom „posvätenie" biblický slovník doktora teológie Adolfa Novotného. Čo je Bohu oddelené.

Oddelil som sa pre Boha? Seba, svoj život? Čo robím, robím Bohu? Ďakujem za všetko Jemu? Za chlieb, za nápoj, za odev, za každý dar?

Pane, ak by si vstúpil do môjho osobného sveta a začal v ňom robiť poriadok podľa svojej vôle, všeličoho by som sa musel zriecť.

Chcem Ti dať voľnú ruku? Konaj?

Nie... Ešte nie! Najprv si kadečo upravím sám, premyslím to, pouvažujem, čo by si mi chcel vziať, o čo ma pripraviť, aké požiadavky vyslovíš... a keď uvážim, že som na ne pripravený, potom príď a konaj.

Nemal by si však človek niečo skryť? Nejakú drobnosť? Ak nie, tak aspoň poprosiť o drobný priestor, na ktorom by som sa -

Sedel som na gauči a vravel si: Je to problém, ktorý obyčajný smrteľník nezvládze. Nieto ja, mäkkýš bez štipky vôle a čistého zámeru. Zvláštna osoba, ktorú zmazáva zo svojho priestoru - i z ktoréhokoľvek iného priestoru - jej vlastný život. Agresívny, nepríjemný, neprijateľný. Osoba s menom, ktoré vyvoláva len opovrhnutie a smiech.

Mal som kričať: Pane, len Ty môžeš všetko zmeniť - vytiahni ma z bahna! Vytrhni z rúk satana!

Ale ja som nekričal. Pohľad do priepasti, kam sa mi zošmykla noha, vystriedal pohľad na dvoch mladých mužov, ktorí ma včas zachytili.

Prečo ma však teraz trápite? Dajte mi dýchať. Pustite! Prestaňte so slovom „musíš", prestaňte s príkazmi a pravidelnou kontrolou. Som človek, nie anjel. Chcem žiť ako iní! To, čo žiadate, je výnimočné, extrémne! Áno, sám som povedal: koniec jedu, ktorý mi zapálil pečeň a obličky.

Pohár vína však nie je jedom.

Znovu zvoní zvonec?

Dvaja mladí muži!

Prečo odmietam nedeľné bohoslužby? Chrám? Pozrite mi do tváre, je v nej odpoveď. Leje sa zo mňa pot. Nesmiem medzi ľudí! Možno o mesiac, možno o dva...

Ale teraz nie!

Uznajte, priatelia, chodieval som do chrámu. Spieval piesne, modlil sa. Kresťanstvo nespočíva v chráme, ktorý je postavený rukou, ale v chráme Ducha Svätého. Naše telá musia byť posvätené! My sme chrámom! Človek má svojho Boha „v hlbine", tak to tvrdí teológ Paul Tillich! Hlboko, hlboko! Boh je hlbina! Hlboko v sebe?

Možno - možno hlboko v sebe... Prepáčte mi: budem doma sám...

Vedel som, že nie som „očistený", nie som zmierený s Bohom v Kristu, ba že vedome, z vlastného rozhodnutia žijem naďalej spôsobom, v ktorom nijako neprejavujem svoju príslušnosť k Bohu.

Ja a dom môj budeme slúžiť Hospodinu? Tak to povedal Jozue.

Môj dom?

Strhaná, utrápená žena. Deti, ku ktorým som prevravel málokedy. Vravel som: mlčte! Vravel som: ticho! Hrajte sa v kútoch! S čím? S uterákom, s varechou, s taniermi, s fotografiami, po všetkom môžete šliapať. Chvíľu smiech a chvíľu ticho. Chvíľu úprimné rozhodnutie „začať znovu a inak" a chvíľu „otupená ľahostajnosť". V spoločnosti vína je ľahostajnosť Paňou. Je krásna, má gráciu, švih, má dokonca svoje čaro.

Má svoju čarodejnosť!

To on. To diabol, ktorý môže žiť v rôznych ľuďoch. Zlý duch. Jestvuje minuciózna práca zo slonoviny. Na vrchole krásna tvár satana, pod ňou množstvo tvárí v kŕčoch. Tváre z pasce v momente poznania, odhalenia, v okamihu Pravdy! Pravda je i súd. Pravda je koniec sveta a začiatok Božieho kráľovstva.

Kto v ňom nežije a nikdy žiť nebude, má v tvári hrôzu. Hrôzu zo zatratenia popísať nemožno. Peklo je nepredstaviteľné. Peklo je v človeku, ktorý bude večne žiť so svojou nikdy neukojenou vášňou, a tá ho bude bez ustania spaľovať. Peklo je večný smäd na púšti, bez možnosti umrieť. Peklo je stav bez zmeny. V akom stave umrieš, v takom ostaneš.

Si už posvätený? Si oddelený pre Boha?

Nie. Žijem vo svojom osobnom svete, kam Boh nemá možnosť vojsť, pretože On vchádza iba tam, kde mu človek povie: Príď, Pane. Kde však vchádza Boh, tam sa všetko mení. V Božej prítomnosti nemá hriech miesto. Ak si zhrešil, Boh sa ti okamžite vzdialil. Bože môj, Bože môj, prečo si ma opustil?! To je stav pekla.

Žiť bez Boha na svete znamená žiť v závdavku pekla.

Vravím: budem sám pánom svojho života, a pritom som jeho otrokom. Otrokom vášní, žiadostí, vlastných predstáv...

Blížil sa deň súdu.

Nastane deň súdu, alebo prijmem do srdca Pána Ježiša a poviem Mu: Panuj v ňom! To znamená: som pripravený z neho s Tvojou pomocou, Pane, vyhádzať všetko, čo v ňom nesmie mať miesto!

Srdce.

Lekárka povedala: máte handru. Nie je to srdce. Je to vyžmýkaná, stokrát použitá zmes, ktorá sa volá srdcový sval. Ochabnutý, vyľakaný život určitého človeka, akéhosi tridsaťpäťročného čudáka, žitý v chveniach.

Vravíte tridsaťpäť? Ale onedlho už bude „večnosť". Blíži sa k vám so stále väčšou rýchlosťou. Srdcový sval ju neodrazí...

Podľahnem? Pohltí ma večnosť?

Ľudia kupujú tovar dennej spotreby, ja „svoj tovar dennej spotreby" na krátky čas nie. V nákupnom košíku salvátorka, paradajkový džús, paradajková šťava.

Aké zvláštne, neskutočné, bizarné. Košeľa, prilepená na chrbte. Na tvári kvapky potu, kvapky utrpenia.

Musíte s tým prestať, povedala doktorka, poznám vynikajúceho psychoterapeuta. Sedeli sme v ordinácii za zavretými dverami. Dvaja dôverní ľudia. Rozhovor, aký som predtým neabsolvoval...

Tlak? Životu nebezpečný.

Nielen tlak! Ja sám som si bol nebezpečný. Denne som očakával svojho posla smrti a on denne obchádzal moje dvere, aby ma ľakal, no ešte na ne nezaklopal. Mučenie má väčší efekt, keď sa jeho finále vždy trochu posunie. Dnes ešte neumrieš - ale zajtra... Ležal som v posteli, mlčal som.

Deň súdu?

Nie, ešte to nie sú „jeho kroky". Pane! zvolal som a vstal. Pán Ježiš je pripravený, počúva. Má zasiahnuť? Som už ochotný dovoliť Mu to?

Jeho zásah! Raz a navždy! Nikdy už nepiť!

Vzdať sa všetkého, čo „nemá vzťah k Bohu". Priestor kresťana nie je rozdelený. Tu on, tam satan, a tam zasa Boh. Celý priestor, ktorým „kresťan vládne", má byť zameraný na Boha; naviazaný naň, upnutý k nemu.

Pane, Tebe sa tu všeličo nepáči. Ale je to moje!

Je to moje, Pane moje!

Odovzdať sa Bohu? Vzdať sa seba, počúvať Ho?

Ťažké? Náročné, zložité?

Deň súdu sa blížil. Kto vraví Ježišovi: nepotrebujem Ťa!, sadá si na lavicu obžalovaných. Bude sa očisťovať vlastnou krvou. Jej významom, svätosťou, hodnotou. Obmyje ma moja krv? To znamená: čistota môjho života? Mojich myšlienok, zámerov?

Pán Ježiš visí na kríži.

Ísť pod ten kríž, kľaknúť si a povedať: Potrebujem Ťa, Pane? Bez Teba zahyniem? Bez Teba aj morálka najmravnejšieho človeka má v sebe množstvo nečistých stôp, ktorými sa do Tvojho kráľovstva nevchádza?

V Božom kráľovstve ani jedna škvrna nemá miesto! Ani jediná zlá myšlienka!

Povedať: Obmy ma, Pane?

Áno, Ty obmyješ toho, kto vyzná svoje hriechy a povie Ti: Odpusť mi, Pane, pre svoju krv! Obmyješ toho, kto povie: Od tej chvíle chcem žiť pod Tvojou - nie svojou - vôľou, Pane! Ale – povedať to? Slobodne sa pre Tvoju vôľu rozhodnúť? Nie pre svoju - pre Tvoju vôľu Pane?

V celom mojom živote, vždy a vo všetkom buď vôľa Tvoja, Pane? Na Tvoj nárok je nevyhnutná i Tvoja moc. Vôľa človeka je prislabá.

Na tvári cítim tieň Tvojho kríža, Pane, ktorý dáva pokoj!

Rozviazanie

A predsa ma zachvátil kŕč...

Stál som na moste a vyschnuté ústa sa mi v horúčke chveli. Pivo... - cítil som tlak pečene a čakal, v ktorej chvíli mi šialené srdce vystrelí do hrudnej kosti žeravý hrot; posledný. Obrátilo sa za mnou dievča v bermudách. Vojsť do najbližšieho bloku... otvoriť vo vestibule fľašu piva... piť...

Chcem ešte žiť?

Či pre určitých ľudí už nežijem?

Pivo!

Upokojí ma?

Och, keby som tak mal peniaze na pálenku!

Na fľašu vína! Na dve fľaše!

Srdce by bolo znovu krotké. Už by nekričalo... nevrieskalo do mozgu rôzne príkazy a varovania... Ale ono kričalo... v autobuse, na ceste domov, v škôlke i doma... Moja žena a deti....

A ten jej oznam, z ktorého sa vynorila tvár smrti! „Zomrel môj brat, utopil sa!“

Kto to povedal - ona? A prečo dve deti, ktoré ešte máločomu môžu rozumieť, plačú?! Plakali?

Zomrel?

Zo slova je mnohonásobná, dlhá ozvena. Tá ozvena vravela: Mal to byť oznam tvojej smrti...

Mal to byť tvoj súdny deň...

V tretej kapitole Knihy Józue je napísané:

Prechod cez Jordán

„Včasráno Józua vstal; on i celý Izrael pohli sa zo Šittínu a prišli k Jordánu a prenocovali tam, prv než sa prebrodili. Ale po troch dňoch prešli úradníci táborom a prikázali ľudu: Akonáhle uvidíte truhlu zmluvy Hospodina, vášho Boha, a levíjskych kňazov, ktorí ju ponesú, pohnite sa zo svojho miesta a nasledujte ju. Len nech je medzi vami a ňou vzdialenosť okolo dvetisíc lakťov; nesmiete sa k nej priblížiť, aby ste vedeli, ktorou cestou máte ísť, lebo ešte nikdy predtým ste nešli tou cestou. Potom Józua povedal ľudu: Posväťte sa, lebo zajtra Hospodin učiní divné skutky medzi vami. Potom Józua povedal kňazom: Zodvihnite truhlu zmluvy a prejdite popred ľud. A oni zodvihli truhlu zmluvy a kráčali pred ľudom.

Nato riekol Hospodin Józuovi: Dnes ťa začnem vyvyšovať v očiach celého Izraela, aby poznal, že budem s tebou, ako som bol s Mojžišom. A teraz prikáž kňazom, ktorí nesú truhlu zmluvy: Keď vojdete na okraj jordánskych vôd, zastavte sa v Jordáne. Potom Józua povedal Izraelcom: Pristúpte a čujte slová Hospodina, vášho Boha. Józua povedal ďalej: Podľa toho poznáte, že živý Boh je uprostred vás a že istotne vyženie spred vás Kanaáncov, Chetejcov, Chivijcov, Perizejcov, Girdášejcov, Amorejcov aj Jebúsejcov. Ajhľa, truhla zmluvy Pána celej zeme prechádza pred vami cez Jordán. Teraz si vyberte dvanásť mužov z kmeňov Izraela, po jednom z každého kmeňa. Keď sa zastavia nohy kňazov, ktorí nesú truhlu Hospodina, Pán celej zeme, v jordánskej vode, vody Jordána sa pretrhnú a vody zhora tečúce postavia sa ako hrádza."

Rozviazanie

Józua smeroval s ľudom Izraela do zasľúbenej kana-
ánskej krajiny. Bol povolaný Bohom - povolanie, od-
delenie začal napĺňať už Abrahám. Abrahámova po-
slušnosť pochádzala z viery a viera z počutia. Počul
Slovo Božie, Boží rozkaz, Boží nárok a šiel.

A šiel a počítalo sa mu to za spravodlivosť. Zrodi-
la sa viera otcov v Božom povolaní. Mali uši a počuli,
počuli a uverili, uverili a boli poslušní.

Poslušnosť z viery! Nie zo zákona. Zo zákona sa
zviditeľňuje len hriech. Hriech, ktorý sme predtým
nevideli, pretože naše oči naň nestačili. Boh ho videl
a ukázal nám jeho charakter i rozmery na doskách
Zákona. Desať Božích prikázaní hovorí, čo je to
hriech. Hovorí človeku: oddeľ sa od neho. Rozhodni
sa pre také oddelenie a ja ťa posvätím mocou Ducha
Svätého. Môj syn Ježiš Kristus ti dá silu v tej posluš-
nosti - od hriechu smerom ku mne - ďalej kráčať. Nie
si ešte v zasľúbenej zemi kráľovstva Božieho, hriech
ťa zatiaľ prenasleduje. Ale ty mu už unikáš, ako mu
unikal ľud Izraela na ceste z egyptského otroctva.
Egypt, to je mágia. Filozofia východu. To je astrálne
náboženstvo, vzývanie modiel z dreva a kameňa, to
sú rozhovory živých s mŕtvymi, ktorí nemajú moc
odpovedať. To je satan v pozadí. Ty od neho uteč - ja
pred tebou rozdelím vody mora a za tebou z nich
vytvorím padajúcu hrádzu.

To bol zázrak. Div v Starom zákone, spomenutý v
Knihe Józua.

Vzdiaľ sa od každého hriechu a ja ťa povediem
cez všetky prekážky, ktoré by ťa k nemu chceli vrátiť!
Neboj sa nepriateľa, ktorý ťa prenasleduje. Zastavím

ho hrádzou vôd, takže ťa stratí z dohľadu! Už na teba nedosiahne! Budeš navždy oslobodený!

Kde je Egypt, v ktorom ťa týral faraón? V ktorom si musel robotovať? Žiť ako otrok pod jeho príkazmi?

Nevracaj sa doň!

Pred tebou je zasľúbená kanaánska krajina...

Môj Egypt? Alebo len Egypt, v ktorom som blúdil, ohúrený pyramídami vášní, pachom mágie? Mágia v žene, za ktorou som sa na ulici obrátil v sláve, v sebastrednosti. Oslava tela! Pokloň sa mu, užívaj si v stavbách stavieb, medzi množstvom zrkadiel - krič smerom k sebe! Kto ťa počuje?

Vravíš, že svoje telo neoslavuješ? Že nežiješ v stavbe stavieb? Že v nich nie si mŕtvy, ale autenticky živý?

Mesto.

Panelák, izba. Okno a červené slnko, ktoré zapadá. Červené ako krv. Zmierenie? Zmierenie s Bohom nám dáva Ježiš Kristus. Vo svojej obeti, vo svojej krvi kríža na Golgote..

Pred spaním sa treba zmieriť - nech slnko nezapadá nad tvojím hnevom!

Zmierenie v Kristu s Bohom?

V Starom zákone objasňovali tajomstvá Písma zákonníci. Ako píše Adolf Novotný, „zákonníci v dobe Ježišovej boli tým, čím sú dnes kazatelia, farári a profesori-bohoslovci. Prekvapovali neobyčajnou učenosťou. Dokázali vyložiť i najzáhadnejšie výroky Písma sv. Bolo radostné počúvať ich. Aj o Pánu Ježišovi čítame, že im ako dvanásťročný načúval s takým záujmom, že sa zabudol vrátiť s rodičmi späť do Nazareta. - A predsa Pán Ježiš učil celkom inak než zákonníci. Tí vykladali presne to, čo Boh od človeka požadoval. Ale nedokázali dať silu k tomu, aby človek na plnenie zákona stačil."

Práve to som potreboval! Silu!

„Keď však ľudia načúvali Pánu Ježišovi, boli presvedčení, že sa Boh sám k nim skláňa v Jeho osobe, že im dáva silu, aby zanechali hriech a začali nový život." Kto by nechcel žiť nový život?

Je možný aj v mojom prípade?

„Okúšali, že medzi nimi stojí splnomocnenec Boží, ktorý má moc a právo hovoriť menom Božím."

Pravdaže - ale to sa dialo v dobe Pána Ježiša. Chodil po Galilei, učil ich v synagógach, kázal evanjelium o kráľovstve, uzdravoval. I rozniesla sa povesť o ňom po celej Sýrii a prinášali k Nemu všetkých chorých na rozličné neduhy, trápených mukami, posadlých démonmi, námesačníkov a porazených; a uzdravoval ich. Nasledovali Ho veľké zástupy...

Uzdravoval ich!

Nasledovali Ho!

„Preto jeho kázania nazývali evanjeliom, radostným posolstvom. Mali pravdu. Ale Pán Ježiš si praje, aby aj Jeho učeníci kázali evanjelium. A vyzýva nás, aby sme prosili Boha o takých kazateľov, farárov a bohoslovcov, ktorí by hovorili ako Jeho poverenci a nie ako učení zákonníci."

Učených zákonníkov-farárov som poznal - ale Božích poverencov, takých, ktorých hovoriť a konať zmocňuje sám Pán Ježiš?

Nie - takých som ešte vo svojom živote nevidel...

Je pravdou: už vo svojej dobe povedal Pán Ježiš svojim učeníkom: choďte a čiňte mi učeníkmi všetky národy, krstiac ich v mene Ducha Svätého. Azda Jeho príkaz nepočúvli? To možno sotva tvrdiť. Ak teda počúvli - kde sú tí ďalší učeníci? Kde sú tí Ježišovi poverenci? Zmocnení konať v Jeho mene?

Uzdravovať všetkých chorých na rozličné neduhy? Uzdravovať trápených mukami? Posadlých démonmi?

Alebo naozaj žijú medzi nami len takí, ktorí „iba hovoria"?

Iba farári slov? Kazatelia-teoretici? Učení zákonníci?

Kňazi v skvostných plášťoch? Vo vyšívaných plédoch? S kadidlami v rukách, s veľkou zbožnosťou v ústach?

Už dávno som nestál v chráme. Nespieval piesne. Už dávno som sa nemodlil...

Bola sobota ráno a v našom byte sa rozľahlo zvonenie. Ona, K. a on, V.; povedali: dnes popoludní príde do Košíc D.

Počas spoločnej modlitby môžeme prežiť dotyk Božej milosti?

Zázraky... Isteže sa diali! Ale inokedy, inde!

Dnes panuje nad vierou rozum. I ja mám rozum. Ak ma chce „rozumovo poraziť", nedám sa!

Nie „nedám sa" v zmysle nevercov, epikurejcov a gnostikov, ktorí pohrdli na Areopágu Pavlovou zvesťou o vzkriesení - ja predsa vo vzkriesenie verím... Verím: Pán Ježiš vstal z mŕtvych a aj dnes žije a hovorí k nám prostredníctvom svojho Ducha i prostredníctvom tých, ktorí Ducha Svätého v sebe majú a sú Ním naplnení - prostredníctvom svojich zmocnencov...

Je ním však D.? Ak by ho uštipla zmija - neumrel by?

A ak by mal uzdraviť na smrť chorého! Uzdraví ho?

Apoštol Pavol to zmocnenie mal - uzdravil chlapca, ktorý vypadol z okna a „nebolo v ňom už života". Nebolo? Pavol povedal: chlapec bude žiť!

Eliáš vzkriesil syna vdovy zo Sarepty...

Peter vrátil slepcovi zrak...

D. však nie je ani apoštol Pavol, ani Peter, ani Eliáš!

Možno má zvláštne poznanie... Ale:

„Počiatkom poznania je bázeň pred Hospodinom."

Bázeň?

Pravú bázeň v každdom okamihu všedného života som u tých, ktorí učia ľud Boží, cirkev, svoje zbory, veľmi často nevidel. Bázeň nie je ohraničená do nedele, do obvodu kostolných múrov, do určitých miest... Bázeň nie je pre pravého kresťana sviatkom, extázou, vzopätím nábožnosti! Bázeň je jeho ustavičným žitím. Bázeň pred Bohom je kresťanov chlieb každodenný. Nielen samým chlebom budeš živý, ale každým Slovom, ktoré vychádza z úst Božích.

O pol piatej popoludní som sa s D. stretol...

Navrhol som hneď tykanie, pretože naše vzájomné „bratstvo" som považoval za samozrejmé. Všetko bolo pre mňa zrazu jednoduché. Budeme sa dotýkať dúhy, odpustenia. Búrky a povodne už prešli, teraz sedíme na ostrovčeku slobody... Všade je ticho, objavilo sa podvečerné slnko.

Jeho priateľ - akýsi baník - hovoril „o minulom". Všetko, čím ho kedysi oslepoval svet, už „zomrelo".

Bol svetom ohrozený aj D.? Nepohol sa mu ani sval na líci. Sedel tam bez gesta a bez mimiky, prepadnutý do ticha.

Do svojho? Alebo do ticha, pokoja Božieho?

Kto koho preklenie, čia skúsenosť čiu?

Posol? Angelos? Ten, koho zmocnil Pán Ježiš k činu? Ktorému povedal: chod' a pomôž duši, ktorá hynie? Dohasínajúci knôt neuhasíš a nalomenú trstinu nedolomíš...

Nalomená trstina sa však tvárila, že významu odpustenia zdarma, z milosti, len pre zásluhy Ježišovej obete na kríži, už dávno porozumela...

Zbadal som naozaj ten pravý kríž? Vstal som, vykročil k nemu?

D., človek, ktorý by sa na ulici stratil. Ktorý by bol v exkluzívnej predajni bezradný. Ktorého nie je dôvod priveľmi vnímať a zaoberať sa ním. Človek, ktorý bol súčasný pred dvadsiatimi rokmi. Tam, vtedy, sa jeho „súčasnosť" zastavila. Chce byť vôbec ešte súčasný? Chce bežať zarovno s časom? Povedľa času? Plece pri pleci? Povedľa momentálneho času, ktorý kvôli odlíšiteľnosti na seba navlieka vždy iné háby, než ich používal ten minulý?

Rozviazanie

Blížil som sa ku krížu. Ešte som netušil, že je v obývačke pred televízorom, pod nemeckým päťsvietidlovým lustrom, blízko lacnej sedacej súpravy.

D. a ja.

Najprv modlitba a potom otázka: chceš skoncovať s alkoholom? Navždy? Je to tvoje uvážené rozhodnutie? Je úprimné? Vravíš to zodpovedne?

Chvíľa ticha. A vzápätí moje: Áno. Raz a navždy...

Začul som zarážajúce tvrdenie. Musíš byť rozviazaný! Vo svojej vôli a sile nič nezmôžeš. Božia milosť je veľká. Nepochopiteľné - nechal ťa žiť až do dnešného dňa. Ponechal si ťa.

Dvihol som obočie, stratil dych: Čo to vraví? Má pravdu, ale... Prečo mi ju tak kruto vraví?

Sklonil som tvár. Mlčal som.

Oči D. na mňa hľadeli. Bol to súd? Obyčajné hodnotenie? Skúmanie, či ten tridsaťpäťročný človek bez chrbtice, ktorý pred ním sedí, má v sebe aspoň toľko zodpovednosti, aby aspoň teraz, v tejto chvíli neklamal?

Rozhodol si sa?

Opäť modlitba. A potom: vyznaj svoje hriechy.

Nahlas? Pred tebou? To azda nie!

D. stál.

Zopakoval som; Nahlas? Teraz?

Povedal: Jakub píše: vyznávajte si navzájom svoje hriechy. Držal som v ruke otvorenú Bibliu, prikývol som.

V tom okamihu mi však v mysli skrslo: On má čosi za lubom! Z akéhosi dôvodu mu na mojom vyznaní veľmi záleží! Uprene na mňa hľadí, čaká!

Podľahnúť?!

„Dnes, keď začuješ Jeho hlas, nezatvrdzuj si srdce!"

Urobil som ďalší krok smerom ku krížu, na ktorom visel v smrteľnej úzkosti Pán Ježiš. Práve za mňa, za mňa osobne, umieral.

Kľakol som si a modlil sa. Ale srdce som mal studené, ľadové; srdce vzdoru, neústupčivosti? Hovoril som úplne odovzdane kruté pravdy svojho minulého, ešte včerajšieho, ba i dnešného života? Hrot pýchy sa pomaly začal lámať. Ale v mojich slovách ešte nebolo to, čo v slovách Eliášových. „A jeho slovo horelo ako fakľa..."

D. dvihol tvár, povedal: Nemodli sa ku mne! Ale k Pánu Ježišovi!

Pán Ježiš visel predo mnou na kríži.

Zvolal som: Pane, na túto chvíľu som čakal roky! Roky! Teraz ti vyznávam všetku biedu svojho života! A slovo - slovo, ktoré mierilo do môjho minulého života - prúdilo za slovom, a začalo vo mne horieť. Srdce? Vznietilo sa? Naraz som cítil obrovskú páľavu! Každou sekundou sa zväčšovala! Pred sebou v rohu obývačky som zbadal - červené svetlo! Žiaru, ktorá prskala a blížila sa ku mne! Červená guľa - už sa ma dotkne!

Poďakuj Pánu Ježišovi, osláv Jeho meno! Ďakuj mu!

Rozviazanie

A z D. úst zaznel zvýšeným hlasom príkaz v mene Pána Ježiša! Na trhanie povrazov! Na lámanie obručí?!

Červená prskajúca žiara - sa ma dotkla! Kľačal som v páľave, celý som sa triasol!...

O niekoľko minút mi D. povedal:

Otvor Bibliu!

Kdekoľvek?

Áno...

Otvoril som a čítal:

Iziáš, 64 kapitola:

„Kiežby si pretrhol nebesá a zostúpil,
aby sa zatriasli vrchy pred Tebou.
Ako oheň zapaľuje raždie,
ako oheň privádza do varu vodu
- tak príď... -"

4

Falošná sloboda

Z A Č A L sa prvý deň mojej slobody. Čo sa vlastne stalo? Bol som oslobodený od satana. Obruče praskli, dych sa mi obnovil. Vrátil sa mi pohľad, ktorým som videl.

„My milujeme Pána Ježiša, lebo On prvý miloval nás."

Už som Ho vo svojej novej slobode miloval? Rozumel som už Jeho požiadavkám? Veľké, nadľudské, nadpozemské Božie požiadavky nám oznamujú Jeho záujem povýšiť nás! Vyvolať z rozmerov ľudského života do rozpätia iných zákonitostí! Do rozpätia kríža, do rozpätia Ježišových rúk, ktoré sa vzdali všetkých pozemských výhod. Pane, pôjdem s Tebou! Líšky majú svoje skrýše, ale Syn človeka nemá, kde by hlavu zložil. Nemá.

Ako to povedal apoštol Pavol? Práve keď som slabý, som silný. V mojej slabosti preukazuješ svoju moc, Pane.

Bol som ešte stále slabý, a či som už silnel? Bola nedeľa, deň vzkriesenia, zmŕtvychvstania. Prázdny hrob a ženy, stojace pred ním v úžase. Koho hľadáte?

Pána!

Niet ho tu, povedal anjel, vstal, ako bol oznámil: Na tretí deň vstanem z mŕtvych. Vrátim sa, aby ste videli, že moja moc presahuje moc smrti. Keď som bol najslabší, keď som sám seba obetoval za vás, keď ma Boh opustil, lebo na mne, na mojom tele sa dokonával trest za všetky vaše hriechy, práve vtedy sa otvorili priehrady nového života. Vo výkriku Eli, Eli, lama sabachtani, znelo aj: Kto stratí svoj život, nájde ho. Kto stratí starý život, nájde nový.

Sebaobeť. Boh obetoval svojho Syna, sám seba v Kristu, aby sa Adam nemusel viac skrývať, aby už nemusel zo strachu pred trestom zastierať svoju vinu, a aby na otázku: Kde si Adam? mohol s dôverou, slobodne odpovedať: Tu som, Pane.

Tu som, Pane, povedal som v nedeľu ráno i ja, lebo Pán Ježiš za mňa práve zomrel a ja som zrazu nebol vinný, už som sa nebál.

Tu som, Pane, opakoval som veselo, ale otázku, ktorú vzápätí Pán Ježiš čakal, som už nevyslovil: Čo chceš, aby som učinil?

Keď apoštola Pavla zasiahlo pred Damaškom, kam sa náhlil prenasledovať kresťanov, svetlo, padol na kolená a pýtal sa: Kto si? A potom: Čo chceš, aby som činil?

Ja som ten Kristus, ktorého ty prenasleduješ. Ale márne sa budeš priečiť ostňu. A on sa v chvení pýtal: Čo chceš, aby som činil, Pane?

Som teda slobodný! Hriechy, aj tie najťažšie, mám zmazané! Za všetky platil Pán Ježiš svojou krvou. Ak mi ich satan pripomenie, môžem pokojne povedať: Choď a obviňuj ma pred Pánom!

Aký však bude prvý krok mojej slobody? A druhý? Bude to „nie" starému životu a „áno" novému? Zaznie otázka: Čo chceš, aby som činil, Pane?

Začína sa moja cesta k Bohu? Úzka cesta, vinúca sa tesnými bránami? „Ľahšie je prejsť ťave uchom ihly ako bohatému vojsť do kráľovstva Božieho". Ucho, názov pre malú, postrannú, vedľajšiu bránku v hradbách, v noci prekríženú závorou. A ťava, veľblud, zasa bola v určitom názvosloví silným lodným lanom, utkaným z ťavej, veľbludej srsti. Ako prejde také lano, nazývané „veľblud", „ťava", uchom ihly? Ako ním prejde živá ťava, keď je tým „uchom" postranná bránka, prekrížená závorou? Nech ten obraz znamená. čokoľvek, jeden, a to podstatný význam, vyjadruje určite: Bohatstvo, ktorého sa pridŕžaš, ti otvára určité brány. Aké a kam? Záleží to od bohatstva, ktoré uznávaš, ktorému veríš, na ktoré sa bezvýhradne spoliehaš. Do kráľovstva Božieho sa však nevchádza ani mocou peňazí, ako si namýšľal Šimon čarodejník, ktorý si chcel kúpiť od učeníkov dary Ducha Svätého, ani slávou, ani vlastnou mocou. To všetko končí v hrobe.

Moc, ktorá nás hrobom prevádza - aj keby si kráčal tieňom smrti, i tam som s tebou!, hovorí Pán Ježiš

- je moc kríža. Rozpäté ruky Pána Ježiša sú aj „ruky lásky" .

On prvý miloval nás!

Prežíval som Jeho lásku. Svoju som Mu ešte nedával.

Pohár perlivého, priezračného vína mohol stáť na stole a ja by som naň určite nesiahol. Nie z vlastnej vôle som donútil ruku, aby sa k nemu nevystrela! Tá ruka o ten pohár stratila záujem. Glg živej vody stačil, aby som už necítil žiaden smäd.

„Ja som tá živá voda," povedal Pán Ježiš Samaritánke, ktorá Mu načrela zo studne svojho otca vodu, čudujúc sa, že On, Žid, ju od nej prijíma. „Kto sa z nej napije, ten nebude nikdy smädný."

Živá voda, nová tvár, nové oči, nové slová. Ľahké ruky. Nie strpnuté, ťažké, zlákavané k poháru vína, nie ruky, ktoré zatínajú päste, belejú, prekonávajú sa. Nie ruky, ktoré od bolesti a neschopnosti prekonávať svoju vášeň zatínajú prsty do čohokoľvek, až si ich krvavia. Nie - moje ruky už boli ľahké, pretože Pán Ježiš z nich vzal všetku ťarchu.

Čo znamenali tie ľahké ruky? Že všetko, čoho sa dotýkajú, je už „vo vzťahu k Bohu"? Že sú už posvätené? Je ich nová činnosť činnosťou podľa vôle Božej?

Moje ruky pracovali. Pohybovali sa v priestore sveta, pracovali pre svet. I pre Boha? Rozdeľovali svoju činnosť na činnosť "nedeľnú, Bohu zasvätenú" a „činnosť svetskú"? Čo je cisárove, dajte cisárovi, a čo je Božie, dajte Bohu!

Ale čo nie je na tomto svete Božie? To, čo si človek privlastňuje? Rukami, ktoré mu stvoril Boh? Na svetle, ktoré je svetlom od Boha? Pomocou vody, ktorú sám nevytvára? Čo je na svete cisárovo? Čo vzniklo z jeho moci a vôle? Nemáš nič, čo by si nebol dostal, píše apoštol Pavol.

Ježiš alebo Cézar?

Ježiš ma oslobodil, ale ja som sa Ho nepýtal: Čo chceš, aby som činil?

Ja som o tom, čo budem ďalej činiť, uvažoval sám. Veď je pravdou: hriechy sú zmazané, moja minulosť sa už v Božom pohľade nepripomína. Zmizla, niet jej. Môžem teda začať žiť znovu od začiatku, na čisto. Bez škvrny a bez strachu, že tu existuje čosi, na čo nesmiem siahnuť. Všetko môžem, ale nie všetko mi prospieva.

Všetko môžem!

Už môžem! Smiem! Som slobodný, tak ako človek, ktorý nebol nikdy pijanom!

Noc satana skončila. Vzoprite sa mu a utečie od Vás!

Morálka? Morálka predsa do nového života nevedie. Morálka nespasí. Bezúhonná morálka nejestvuje. O čo ide? O prospievanie.

Čo však znamená: z vďačnosti celý svoj život „zasväťte Pánu"?!

Posvätenie? Oddelenie pre Boha?

Má všetko, čo konáš, vzťah k Bohu? Vzťahuje sa to na Neho? Uvedomuješ si, že na teba hľadí v každej situácii?

Áno, pravdaže. Zaiste!

A drobný, nepatrný smútok.

Smútok? Kdeže! Boh je môj Pán. Pán Ježiš môj Spasiteľ.

Minuli tri mesiace a ja som sa bez ťažkostí poháriku vyhýbal, ba vôbec predo mnou odvtedy nestál ako prekážka, pri ktorej by som sa musel s trochou nevôle zo zdanlivo ukrátenej slobody pozastaviť, no zrazu som si - sám sebe, kdesi do vlastnej hlbiny - položil otázku: Prečo o zázračnom, vyslobodzujúcom čine Pána Ježiša nikomu nehovorím? Prečo sa k nemu zatiaľ verejne nehlásim i pred tými, ktorí hľadievali na môj „starý život"? Prečo nehovorím: môj starý človek vo mne definitívne zomrel a narodil sa namiesto neho v moci Ducha nový?

Vedel som, prečo! Pretože v takom prípade by som nemal - už kvôli ich neschopnosti, slabosti veriť mi - siahnuť ani na pohárik. Nemôžem predsa tvrdiť: prestal som piť, s vínom je koniec, a držať ho pritom v ruke!

Obmedzovať však svoju slobodu, ktorú mi dáva Boh, keď napokon „všetko môžem"? Všetko v miere? V správnom pomere? Veď všetko, čo stvoril Boh, je dobré, ide len o schopnosť či neschopnosť užívať Jeho dary v správnej miere.

Dilema? Začarovaný kruh?

D. som predsa veľmi zreteľne povedal: túžim byť oslobodený, ale vedome, aktívne, dennodenne zatiaľ slúžiť Bohu nevládzem. Slúži Mu azda každý kresťan v každom okamihu svojho dňa? V tom prípade by sa musel ustavične rozhodovať: chcem to ja, alebo to chce Boh? A ak Boh nechce, aby som teraz, dnes večer sledoval divoký film z Divokého Západu: vypnem televízor? Nebudem sa predsa zaťažovať každou malichernosťou. Odkiaľ sa budem a ako bez ustania dozvedať pri ťažko rozpoznateľných veciach a situáciách, či Boh chce, aby som sa v nich dobrovoľne, s vlastným súhlasom ocital alebo nie? Pavol píše: sám osebe nie je nečistý ani pokrm, ani nápoj. Nečistým sa stáva iba to, čo za nečisté považujete. Je v tom teda absolútna ľubovôľa nášho hodnotenia? Nie - existujú predsa dosky Zákona, zrkadlo, v ktorom máte stále možnosť spoznávať svoju hriešnosť alebo nevinu.

Niekto ma musí viesť - veď som len človek, ktorý môže podliehať nástrahám. Satan nespí, satan vymýšľa ľsti. Je samá pretvárka, lož, faloš. Anjel svetla, vlk v barančom rúchu. Buďte opatrní ako hady a prostí ako holubice! Ako však dosiahnuť takéto zjednotenie takých vlastností?

Ako byť vlastne „dobrým"?

Čo ma nazývaš Dobrý Majstre, povedal Pán Ježiš bohatému mládencovi. Jeden je dobrý, Boh! Ako teda dôjsť k spaseniu? U človeka je to nemožné, ale u Boha je všetko možné.

U Boha? Boh ma vedie k spaseniu?

Áno, On ma vedie - nevediem sa sám. Nemám na to nijaký svoj systém, ani stratégiu. Pevná vôľa má tiež svoje hranice, rozum sa občas zmýli a v srdci nie je náhle skvitnúca faloš celkom nemožná.

Vedie ma však On! Čo čaká odo mňa?

Poslušnosť, tak ako čaká otec poslušnosť dieťaťa, hoci to by si chcelo rozumnosť jeho požiadavky najradšej vždy samo overiť. Má však vo svojom útlom veku dieťa na všetko, čo už otec vidí a ono zatiaľ nie, overovacie schopnosti? Zatiaľ vidíte ako v zrkadle, povedal Pavol, ale potom uvidíte tvárou v tvár.

Veríš Pánu Ježišovi? Viera je z počutia, zo Slova Božieho, teda z hlasu Ducha Svätého, a poslušnosť zasa z viery. Abrahám na Božie zavolanie šiel a počítalo sa mu to za spravodlivosť. Spravodlivosť z viery! Aký to bol veľký objav pre Martina Luthera, ktorý si predtým márne a zbytočne križoval telo v kláštoroch. Bezhriešnosť z neho nevytĺkol. Nad všetkých stojí Boh!

Zhrešil si? Si v pokušení? A znovu si padol? Choď k Bohu, úprimne sa kajaj, On boj tvojej viery vidí. Vlny morského prívalu ťa chcú strhnúť zo správnej cesty, ale ty, hoci padáš, vždy znovu vstávaš pomocou neviditeľnej ruky Božej a vždy znovu zo všetkých síl kráčaš v smere, ktorý ti určil.

Boh miluje človeka, Boh nenávidí iba hriech. Nechcem, aby si ich vzal zo sveta, modlil sa Pán Ježiš, len ich - učeníkov- uchráň pred zlom.

Je všade okolo mňa zlo? Striehne na mňa? Obchádza ma satan, premenený na anjela svetla? Viem veľmi jasne rozpoznávať medzi tým, čo je dobré a čo zlé? Alebo mi znovu, nenápadne začína jedno s druhým splývať? Ešte pred troma mesiacmi som tie hranice veľmi zreteľne videl a vnímal. Teraz ich výraznosť bledne, stráca sa. Otupievam?

Nebojujete proti krvi a telu, ale proti mocnostiam zla! Buďte stále bdelí! Nedriemte ako panny, ktoré prišli vítať ženícha s lampami bez oleja, bez „sily Ducha Svätého". A keď už mal prísť a ony sa v kriku prebúdzali a spoznali, že sú bez svetla a bez oleja, neskoré zháňanie ich pripravilo o možnosť vojsť do kráľovskej siene, na dlho očakávanú slávnosť!

Začal som chodievať s lampou bez oleja. Bez prilby spasenia, bez meča Ducha Svätého, bez panciera spravodlivosti, opasku Pravdy, bez evanjelia pokoja.

Biblia na mojom nočnom stolíku chýbala.

Modlitba prestala byť zbraňou.

Bol som ospravedlnený, začínal som však driemať.

A satan už opäť stál v mojej blízkosti.

Prišiel nenápadne, ticho.

Stál nado mnou a spriadal so mnou svoj nový plán.

Keď sa náhle do môjho života vláme zlodej - prebudím sa včas? Siahnem po lampe s olejom, rozsvietim v okamihu svetlo?

Pretože som vo svojom srdci tvrdil: Pane, Tvoju pomoc už nepotrebujem tak naliehavo, ako pred niekoľkými mesiacmi, Boh poodtiahol ruku, ktorou ma dovtedy ustavične, deň a noc, chránil.

A ja? Ako som zrazu nechránený! - zareagoval?

Zaprel som Jeho moc? To, že k nemu patrím a On ma ňou zmocňuje žiť nový život?

Boli tie tri mesiace len novým vínom v starom vreci?

Odpustenie, adaptované na starý život?

Môj starý človek celkom neumrel? Bol len v dlhom bezvedomí?

Vo vyčistenom srdci už tkal pavúk znovu svoje nenápadné, pavučinové siete?

To, čo som pred časom v prítomnosti D. prežil - nebolo znovuzrodenie?

5

Znovuzrodenie

Nedeľa, 4.2.90

P A D O L som! Zhrešil proti Bohu i proti ľuďom. Hĺbka pádu bola výnimočná, i otras po ňom.

Chodil som zhrozený po byte, najprv v župane, potom v starých nohaviciach a košeli, v ktorej som predtým spal. Nedeľa, deň obnovy, Ježišovho zmŕtvychvstania - a ja v starých šatách, ba dokonca kdesi natrhnutých, opäť ako starý človek! Nové víno do nových vriec, pretože v opačnom prípade príde všetko nazmar! Nie, na tieto verše som nepomyslel - ale kdesi v hĺbke duše som ich naliehavý hlas cítil.

Skúšal som, či mi pokoj neprinesie nedeľné čítanie Biblie... siahal som i za inými náboženskými knihami. Nadarmo.

Až popoludní som sa umyl, oholil; moja žena upratovala, hoci som hundral: „Je predsa nedeľa!"; onedlho si ľahla. Už od soboty, keď sa vrátila od mojich rodičov zo zabíjačky, ju bolela hlava.

Deti sa dívali na televíznu rozprávku a ja som ten čas - už bolo prítmie - využil na opätovnú modlitebnú chvíľku. Modlil som sa vo svojej pracovni za pokoj duše. „Pane, odpusť!"

Pokoj však neprichádzal.

Vyznával som hriechy. Kľačal som pri váľande a čakal. Zrazu som vedel, čo musím urobiť. Otvoriť Bibliu - náhodne, hocikde -, pretože zovšadiaľ sa mi ozve Boh, a to jediným možným spôsobom. S úzkosťou som sa díval na otvorenú stranu a bola to pravda. Matúš, 26, 47-56. Zajatie Ježiša, Judášova zrada, Judášov odporný bozk. „Ktorého pobozkám, ten je; toho chyťte!" Mohol by som svojimi slovami dodať: „O ktorom sladko hovorím v pochybných krčmách a putikách, kde ho môže ktokoľvek schmatnúť a trhať si ho z rúk do rúk... Toho chyťte, ten je to. Kto? No predsa Ježiš!"

Sedel som ochabnuto na kuchynskej stoličke. Milosť je vyčerpaná! Ale zároveň som videl presvitať drobné svetielko nádeje. Aká je to nádej?

Pomyslel som si: Veď aj Judáš ešte mal možnosť prísť za Ježišom a určite by mu bolo odpustené! Nádej v zábleskoch?

Pán Ježiš na mňa čaká so svojím slovom, On mi ešte niečo chce povedať! Díval som sa na Bibliu. Náhodne ju už neotvorím! Zbadal som modlitebnú knižku *Paprsky*[1]. Nalistoval som príslušný dátum -

---

[1] *Paprsky* - Úvahy na každý deň v roku; napísali F. Lindén a J. Gustafsson.

4.2. - a začal som čítať uvedený text. Ján, prvá kapitola, trinásty verš. „Ale tým, čo Ho prijali, dal moc stať sa dietkami Božími, tým, čo veria v Jeho meno," a teraz ten verš prichádza: „ktorí boli splodení nie z krvi, ani z telesnej žiadosti, ani z vôle muža, ale z Boha."

Áno, je to nádejný verš! Dokonávam telom, čo som započal duchom? Verš mi hovorí: „Nie si znovuzrodený!" Vyhľadal som druhú pasáž, v tej stálo: „Bol farizej, menom Nikodém..." Ostatné verše som čítal síce so zármutkom, ale aj s novou odvahou: „Nádej je predsa tu!" Rozhovor Ježiša s Nikodémom o znovuzrodení mi vracal pokoj. Nie som zatratený! Žijem, dokonca s predpoveďou, že čosi naozaj radostné - narodenie z Boha, z Ducha - ma ešte len čaká, lenže... ako to, že nie som znovuzrodený? Veď som sa v auguste minulého roku osobne stretol s Pánom Ježišom, vytrhol ma z ťažkých pút, niekoľko dní som nosil v horúcom srdci jeho žiaru, mal som rozžeravené, veľmi prečisté oči, ľahký zrak, po akom som už roky túžil, a tu zrazu... nie som znovuzrodený?

Bol som iba vyslobodený? Zo satanovho zajatia, kdesi z predpeklia, z takých ťažkých pút, ktoré by nikto iný okrem Pána Ježiša nerozlomil? Niet takej moci! Satan už triumfoval, nejednu noc sa mi rehotal v bdelom stave, i keď som spal, do tváre. Ten ustavičný rehot a jeho posmešky, ktoré mi chcel podhadzovať ako moje vlastné, aby s nimi nakoniec splynuli! Bol to zúfalý, beznádejný stav, pre samotného človeka už nemožný návrat do normálneho rodinného či medziľudského spolunažívania. Bol to koniec s jediným ustavične blikajúcim svetlom. Vtedy som si vravieval: „On nalomené steblo nedolomí a uhasínajúci knôt neuhasí." Inej nádeje nebolo. Táto jediná.

Pravdu povediac, počas niekoľkých mesiacov nového života s Pánom Ježišom som si viackrát povedal: „Mám prázdne srdce. Bez lásky k ľuďom." V porovnaní s minulosťou to však bol- ako klamlivo! - pre mňa pramalý hriech na to, aby som sa ním priveľmi zaoberal.

Nebudem podrobne rozoberať cestu k novému pádu, ktorý ma len pred niekoľkými dňami postihol, zdôrazním však podstatné: zavinila ho neláska k ľuďom a neochota v ten večer vyslobodenia oddať sa Pánu Ježišovi do služby. Myslel som si vtedy: „Najprv potrebujem byť vyslobodený. Potom sa už hádam budem môcť lepšie a zodpovednejšie pripraviť na službu Pánu Ježišovi... zatiaľ, zatiaľ mi ide len o vlastné vyslobodenie sa zo satanových pút!"

Zrazu som stál v kuchyni a uvedomil som si, v akom prítomnom okamihu práve žijem. Ak by som vtedy kľakol na kolená a povedal: „Áno, Pane, chcem Ti slúžiť celým srdcom, chcem činiť Tvoju vôľu!", mohlo byť už dávno všetko iné. Napriek tomu som cítil pokoj. Budem zachránený, budem, ak... Tu som sa zastavil. Aké ťažké okamihy ma ešte čakajú? Ak sa podrobím Pánovej vôli v úplnosti, bezo zvyšku, bez toho, aby som si pritom ponechával čo len milimeter priestoru na vlastnú vôľu, na vlastné manévrovanie, na vlastný, od Boha oddelený svet. Ale načo by mi bol? Prečo si myslím, že občas si treba od Boha niekde odpočinúť?

Azda je to s ním také únavné? Alebo máva na nás, ľudí, neúmerné nároky? Požiadavky?

Stál som uprostred kuchyne a vedel som, že tá škára, ktorou ešte satan vniká, musí byť úplne uzavretá, aby som mohol svoj život odovzdať bezo zvyšku Pánu Ježišovi. Bol to čas pred rozhodujúcim okamihom, keď srdce nám tlčie vzrušene, radostne, s chvením, pretože srdce očakáva akési zázraky, pretože srdce už vie.

Zobudil som ženu; večerali sme; a vtedy sa mi mihla v mysli predstava: príde ona, K. a on, V.; hádam i niekto iný. Prídu, poviem im: Poďte, kľaknime sa a pomodlime sa!

Prišli naozaj o pätnásť-dvadsať minút. Veľkú časť toho, čo som prežil, som im vyrozprával... potrebujem byť znovuzrodený! Pozreli na seba, K. i V. Hovoril som o Ježišovom rozhovore s Nikodémom a oni sa usmiali, pretože mali tiež text o novom zrodení, tiež sa nad tým zamýšľali. „Vietor veje kam chce, podobne Duch..." Duch vial v našich blízkostiach. Modlili sme sa.

Keď odišli, sedeli sme - ja i moja žena - v obývačke, ktorá si pamätala množstvo našich úzkostí a nepokojov. Po krátkom rozhovore som otvoril podľa *Světla*[2] a príslušného dňa na text Matúša, 12, 43-50 Bibliu. „Keď nečistý duch vyjde z človeka..." a potom: „...nájde ho prázdne a vyzdobené..."

---

[2] *Sešli světlo své*, Kniha modlitieb a meditácií; Kalich 1970

To bol môj problém! Prázdne, vyzdobené srdce! Čo hrozilo? Ak nečistý duch, vyhnaný kedysi z môjho srdca, nenájde nikde príhodné miesto, na ktorom by mohol zotrvať, vráti sa na svoje pôvodné. A keďže ho zbadá prázdne a vyzdobené, povolá ďalších sedem duchov, od seba horších, vrátia sa tam, odkiaľ bol vyšiel, a tak „posledné veci toho človeka budú horšie než tie predchádzajúce!"

Keby mi nedal Pán prezieravo medzitým už Slovo o tom, čo musím v blízkej budúcnosti podstúpiť, totiž, že ja, starý človek, musím zomrieť, aby nový vo mne mohol žiť, že sa musím znovu narodiť, znovuzrodiť, určite by som od hrôzy zmeravel. Čo by sa stalo s mojím životom, keby bol v budúcnosti sedemkrát horší, než bol ten, ktorý som dlhé roky žil?

Ešte nič nie je vyhrané, hoci nič nie je stratené. Rozhodujúci zápas sa len začína odohrávať. Alebo je už dobojovaný? Dokonané je, povedal Ježiš na kríži a skonal. Áno, dokonané, opakoval som si ako v ozvenách či v polobdení, ale zápas sa predsa ešte odohráva! V mojom vnútri! Vo mne! Žijem ním! Čo bude nasledovať?

Potreboval som posilňujúce Slovo. Povedal som žene, že pred spaním si otvorím Písmo na náhodnom mieste; vzápätí som to urobil. Od radostného poznania som zmeravel - takmer som neveril vlastným očiam! Izaiáš, 64 kapitola - „A predsa som vaším Otcom..." Kapitola, ktorú som si rovnako náhodne, ako svoje Slovo, Slovo, patriace priamo osobne mne, otvoril v ten večer, keď som bol vyslobodený Pánom Ježišom zo satanových okov.

Spať som šiel ako v tranze, ba ešte s otázkou: aké dary ma čakajú v nasledujúce dni?

Skoro ráno som si hľadal podľa *Světla* text. Už som tušil, že budem prežívať nové dobrodružstvo s Pánom Ježišom a bol som zvedavý, čo pre mňa pripravil. Filipským, 4, 4-9 verš. „Radujte sa v Pánu vždycky! Opakujem: radujte sa...“

Dvihol som pokojne tvár. Nádej bude z hodiny na hodinu nielen väčšia, ale čochvíľu sa začne určite premieňať priamo v divy, ktoré som dovtedy nezažil... Mám sa teda radovať! Čosi príde! Čosi veľkolepé a zapamätateľné na celý život.

V ten deň som bol doma s deťmi sám. Koľkokrát ma to znervózňovalo, takmer urážalo, koľkokrát sme sa pre to hádali! Koľkokrát ma deti zaťažovali, chodieval som s nimi z miesta na miesto ako s príťažami, unavovali ma, nechcel a nepotreboval som im rozumieť. Teraz?

Aké zvláštne. Kristínka spala a Mirko sa blízko mňa v čistom, upratanom byte pokojne hral. Postavil si zo skladačiek akýsi tvar a pýtal sa ma, či by som to vedel tiež. „Nie, Mirko,“ chcel som ho potešiť, „ja by som to tak postaviť nevedel. Čo je to?“ „Vtáčik,“ odpovedal. Prikývol som mu s úsmevom a chcel ho poslať do vedľajšej izby, pretože som mal práve pripravený z Písma oddiel v Markovi, 4 kapitolu, 1-20 verš, no rozhodol som sa inak. Nech sa chvíľku vedľa mňa hrá. Potom sa nenápadne vytratím a budem si oddiel z Písma čítať v pracovni. Začal som čítať text, ale takmer nevedomky... hľadel som pritom na chlapca. „Vieš postaviť vtáčika?" opýtal sa. „Neviem," zavrtel som hlavou. „A chcel by si vedieť?" „Pravdaže!" prikývol som. „Naučím ťa to," povedal. A ukázal mi, ako sa to robí. Vysvetlil mi presný postup, potom ku mne podišiel, podal mi ho a povedal: „Tu máš ocko, podľa toho sa budeš učiť." Prikývol som a šiel nenápadne do pracovne.

Tam som v čítaní textu o rozsievačovi pokračoval. Jedno zrno padlo na kraj cesty, druhé na skalu, tretie do tŕnia... Príbeh, ktorý každý pozná. Prosil som v modlitbe Pána, aby mi ukázal cestu k znovuzrodeniu, no priveľmi som tej, ktorú mi práve naznačil, nerozumel. Tušil som, že porozumiem, nevedel som však, akým spôsobom sa to stane. Čítal som text už asi po desiatykrát, a stále nič zvláštne v súvislosti so sebou a so znovuzrodením som v ňom nevidel, keď ku mne Mirko znovu podišiel. Aby sa nemusel hrať stále sám... veď koľko mesiacov a mesiacov, deň za dňom sa tak vedľa mňa hrať musel!... pritiahol som si ho k sebe a on mi opäť vysvetľoval princíp skladby vtáčika. Chcel mi ho z rozhodených skladačiek postaviť čo najskôr, preto sa mu to zo dvakrát nepodarilo, ale práve to ma dojímalo. Rozhodol som sa, že sa mu budem pozornejšie venovať. „Mirko," ozval som sa, „porozprávam ti rozprávočku, aj ti ju nakreslím, chceš?" Prikývol. „Porozprávam ti rozprávočku o zrniečku, dobre?" Opäť prikývol. Bližšie si ku mne prisadol; otvoril som zošit a fixkou mu nakreslil rozsievača, cestu, skaly, tŕnie, pole a nad tým vtáčikov. „Jedno zrno padlo na kraj cesty, zozobali ho vtáci, druhé na skalu, zhorelo, tretie do tŕnia, udusilo sa. A vieš, Mirko, prečo sa zrniečko udusilo?" A tu som si uvedomil - veď on možno ani nevie, čo je to zrno! Preto som mu vysvetlil ako vyzerá a čo sa s ním v zemi deje: MUSÍ TAM UMRIEŤ, ABY SA Z NEHO NARODILO STEBIELKO, stebielko vyrastie, má klások, v klásku sú ďalšie zrniečka. Hovoril som mu na čo je zrno, čo z neho vzíde, akú úrodu prináša, čo je to úroda, aký je z nej prospech. Tak poďme znovu k podobenstvu. Nakreslil som Mirkovi klások so zrniečkami, ktoré sú chránené v kláskových lôžkach. Klások... Díval som sa naň a pokračoval: „A vieš, Mirko, prečo sa taký klások v tŕni udusí?" Nesúhlasne zavrtel hlavou. „No pretože v tŕni rastie sám, pretože nerastie spolu s ostatnými kláskami!" V tej chvíli mi úsmev na perách stuhol! Veď predpoludním, ba takmer po celý deň som prosil v modlitbe Pána Ježiša, aby mi znovuzrodenie vysvetlil ako dieťaťu! Prosil som ho o jednoduchosť, lebo som nevyhnutne musel vedieť, ako ja osobne mám, môžem, budem znovuzrodený! Klások, zopakoval som si, ktorý nerastie spolu s ostatnými kláskami, zahynie. Udusí sa. Zrno v tŕní sa stále udusí. Obklopené tŕním! Veď to je môj doterajší život! Život v tŕní, obklopený svetom, svetskosťou, svetáckosťou, smiechom tohoto sveta! „Musíš žiť v spoločenstve bratov a sestier. Inak určite zahynieš. Sám zahynieš, hoci by si to zrno sial deň za dňom, znovu a znovu..." Hľadel som na Mirka a neveril som vlastným očiam, ušiam a ústam! Hovoril som dieťaťu príbeh tak, aby som ho sám mohol pochopiť. Aby som sa v ňom dokonale zbadal. Áno, som to ja! Ja v tŕní! Roky a roky, deň za dňom, noc za nocou! Koľko rozličných spoločenstiev bratov a sestier som odmietol? Koľko pozvaní? Koľko rozličných akcií, poriadaných kresťanskou mládežou, som nevzal do úvahy? Nedeľné zhromaždenia som navštevoval roky... ráno do kostola, predobedom domov, dobrý obed, dobrá kniha, gauč, televízor, nedeľa. Nedeľa v kostole, kde bolo najviac zhromaždených počas sviatkov. Vianoce, Veľká noc... občas, keď bolo krásne nedeľné počasie... Koľko nedieľ som tak prežil? Raz viac, inokedy menej dojatý, raz spokojný, inokedy nespokojný s kázaním Božieho Slova. Potom nadišli aj nedele bez návštev Božieho chrámu... prázdne nedele doma, na uliciach, na návštevách. Nedele so ženou pri úpornom čítaní z Písma, keď sme si rozoberali vetu za vetou. Biblický slovník. Konkordancia. Knihy teológov. Teórie. Úvahy. Písané kázne. Ťažilo ma to... neuspokojovalo... napriek všetkej snahe som sa cítil nenaplnený.

Hovoril som dieťaťu príbeh o rozsievačovi, hovoril som to, čo som sám chcel a potreboval počuť ako dieťa. Príbeh o zahynutí, aj o znovuzrodení. Pane, povedz mi ako dieťaťu, čo je to znovuzrodenie. A On mi to naozaj povedal tak, ako som Ho o to žiadal, dokonca mojimi vlastnými ústami. Do nich mi sám vložil svoje Slovo.

Zahorel som vďakou, úžasom... A zrazu som sa veľmi tešil na chvíľu, keď to vyrozprávam žene..

Večer, po našom vzájomnom rozhovore, som znovu uvažoval o znovuzrodení. Bol som už trochu unavený, ale pretrvával vo mne pocit, že požehnanie dňa sa zatiaľ nenaplnilo - niečo ešte príde! Bolo to iba moje nadýchnutie sa pred novou modlitbou. Zatúžil som po opätovnom Slove, len som si s ľútosťou vravel, že to ďalšie už určite nebude také výrazné a jednoznačné ako slovo o rozsievačovi a zrne. Taká chvíľa sa predsa nemôže hneď zopakovať!

Na stolíku ležala Biblia a kniha drobných biblických úvah *Paprsky*... Rozhodol som sa. Budem sa modliť za znovuzrodenie! Budem sa ďalej pýtať, aká cesta k nemu vedie!... poviem Pánovi Ježišovi, že chcem o znovuzrodenie bojovať!

Kľačal som a počas modlitby som zauvažoval. Ako mi to pred časom vravela K.? Modlíme sa k Pánovi, hovoríme mu o svojich ťažkostiach, túžbach, predstavách, ale - načúvame aj Jemu! Načúval som niekedy v modlitbe, čo mi hovorí Pán Ježiš? Nikdy?...

To ma zarazilo. Čo mi teda povedal dnes a čo mi teraz sumarizuje, keď sa k Nemu opäť modlím? Ako ma oslovuje? Hovoril mi predsa o tom, že som ho zradil... o tom, že potrebujem byť znovuzrodený... povedal mi o mojom prázdnom, vyzdobenom srdci, do ktorého... radšej na to nemyslieť! Ale povedal mi aj o tom, ako a ktoré zrno môže zahynúť a ktoré sa ujať a prinášať úrodu! „A prečo, Mirko, klások v tŕni zahynie? No pretože nerastie spolu s ostatnými kláskami..." Áno, toto je Jeho vôľa, aby som rástol spolu s ostatnými! S tými, ktorí vybojovali spolu so mnou milosť Božiu, vyprosili mi ju a Pán Ježiš potom naozaj rozlomil okovy, v ktorých ma satan roky a roky zvieral... S tými a s mnohými ďalšími - ale už nie sám... Pane Ježiši, povedal si mi to jemne a ticho - ako dieťaťu si mi to povedal!... Divil som sa. Divil som sa

Jeho jemnému spôsobu. Jeho nežnému hlasu, pretože ma k sebe privinul ako aj Mirka a tak mi to vysvetlil... Kľačal som a ďakoval Mu za jeho lásku, milosť, odpustenie. Za pokoj, ktorý dáva. Modlitbu som zakončil po prvý raz v živote otázkou: ČO CHCEŠ, ABY SOM ČINIL PANE?

Lebo len touto otázkou, pomyslel som si, sa môže začínať cesta k znovuzrodeniu. Keď som sa Ho takto spýtal, v srdci mi ostal Jeho tichý hlas, ktorý som už nepotreboval lúštiť, hoci celá moja modlitba bola pretkaná otázkami: Pane, Pane, úplne jasne mi vysvetli, čo je to znovuzrodenie a ako k nemu dôjdem, ako zaň mám bojovať, čo všetko s ním súvisí, ktoré sú ďalšie body tej cesty! Aké to bude?

Kľačal som pred stolíkom a hľadel na knižku *Paprsky*. Vzal som ju do rúk. Podľa textu z dnešného dňa si budem čítať teraz večer Slovo. Našiel som odkaz na dva texty: 1 Kráľ. 19,12 a Lukáš 2, 41,52. Oba som chcel chápať ako návody na to, čo mám zajtra činiť, aká je Pánova vôľa, čo odo mňa očakáva. Bolo to vzrušujúce a ja som to bol rozhodnutý bez výhrad, v Jeho sile a pomoci, splniť.

Po prečítaní Eliášovho putovania na vrch Chóreb som bol trochu sklamaný. Nič z toho v mojom prípade neprichádzalo zajtra do úvahy. Čítal som potom o dvanásťročnom Ježišovi v chráme, oddiel z Lukáša. Nič. Nechápal som... Ako to? Pán odo mňa zajtra nič nechce? Asi je to tak... na začiatok mi nedáva žiadnu úlohu, nijakú povinnosť. Ostávala ešte knižka výkladov *Paprsky*. Prečítal som si k obom textom výklad a - rozochvel som sa... Ten výklad znel:

- hlas tichý...
1. Kráľ. 19, 12

„Skúsenosť s Bohom v novom rode neprichádza len v jednom spôsobe. Pri niekom je to ako búrka, pri inom ako hlas tichý, jemný.

Nie sme prebudení, ak nebdieme. A predsa sa dejú zázraky, nastal nový deň. Nie je podstatné, či môžeme určiť deň a hodinu svojho obrátenia, ale či môžeme svedčiť o vedomej radosti a ceste dopredu s Ježišom. Nemilujeme noc, utekáme temnote, jej skutky sa nám nepáčia, ale milujeme deň a chceme chodiť v svetle. Naše vedomie Božej lásky bolo prebudené a teraz už vieme, kde je náš domov.

Ako je to s tebou?"
Luk. 2,41-52

V tej chvíli som si ešte neuvedomil, aký text mi vytiahol brat zo spoločenstva veriacich na Silvestra minulého roku v zhromaždení, v ktorom sa zišli poďakovať Pánovi za dary a vedenie Duchom počas roku 89. Text bol zo 126 Žalmu a znel:

"Tí, ktorí so slzami rozsievajú,
žať budú s plesaním."

„Chodí, chodí s plačom ten,
čo nosí semeno na siatie.
Iste príde domov s plesaním,
znášajúc svoje snopy."

Znovuzrodenie

V utorok ráno som si podľa sprievodcu čitateľa čítal text zo Zachariáša, 8, 16-23. V duchu som sa pýtal: Čo mám činiť, Pane? A verš sa začínal slovami: „Robte toto: Hovorte pravdu každý so svojím blížnym..." Bol to potešujúci text.

Ešte v ten deň dopoludnia som sa mal stretnúť so ženou pred nemocnicou, kam sme išli s deťmi na odborné vyšetrenie. Prekvapila ma vlastná ľahká chôdza i vyrovnané držanie tela - tak som predtým nekráčal! Ľuďom som hľadel do očí bez uhýbania a cítil som, že každú otázku či odpoveď by som vedel jasne a presne formulovať. Bol to presvetlený deň! Deti zbadali svoju matku prvé. Stála pred vrátnicou v pre ňu typickom postoji, ktorý ma vždy znervózňoval. Veru, pomyslel som si, ani postavu už nemáš najlepšiu. A kabát! Aký dlhý! Vedel som, že tie myšlienky nie sú celkom čisté, ale napriek tomu som im dal určitý priestor. Mirko sa chcel rozbehnúť, no kývla mu, aby čakal. Na semaforoch svietilo červené svetlo. Aký rozdielny je pohľad detí na matku a muža na ženu!, pomyslel som si.

Zvítali sme sa a prešli bránou vrátnice. Kráčali sme povedľa seba areálom k príslušnému pavilónu, v ktorom bolo krčné oddelenie. „Vieš," začal som, „ten kabát nie je naozaj na tvoju postavu. Nie si štíhla ako kedysi. Mala by si sa obliekať pozornejšie..." Pohliadla na mňa, či to myslím vážne; také úvodné vety nečakala najmä preto, lebo vedela, čo sa so mnou v posledných dňoch dialo. Odpoveď preglgla, ale to ma neuspokojilo. Rozvíjal som preto svoju teóriu o jej dlhom kabáte ďalej. Známe praktiky, ktoré ju vždy vyviedli z miery a ich trpkosť prechádzala aj do našich čisto praktických rozhovorov! Dohodli sme sa, že na vyšetrenie pôjde s deťmi ona a ja ju počkám na lavičke.

Bol ešte len začiatok februára, ale už dosť teplo. Čítal som noviny a občas som si pozornejšie obzrel okoloidúcich. Míňali ma väčšinou pacienti v županoch, ktorí chodievali na rôzne vyšetrenia z pavilónu do pavilónu. Tak tu sa zastavuje na určitý čas život!, pomyslel som, ktorý je niekoľko metrov odtiaľ" za bránou nemocnice taký odlišný. Tu bola napriek väčším zdravotným problémom u každého aj väčšia miera pokoja; vyplývala azda z toho, že všetko nepodstatné ktosi z ich života zrazu, aspoň na čas, odvrhol. Každopádne sa zbavili bremena, ktoré niesli roky a roky, a niekedy celkom zbytočne! Tu bol každý sám so sebou, tu si mohol premyslieť, odkiaľ a kam v živote kráča. Tu sa sám seba v duchu pýtal, kam kráčajú iní. A možno hľadal autoritu, podľa ktorej by v budúcnosti mohol už svoj život nasmerovať, aby nemuselo dôjsť k novému úrazu, prípadne, ak by choroba, na ktorú trpí, bola nevyliečiteľná, aby už teraz skúšal zbierať obranné látky proti vpádu čohosi neodvratného, na ktorý je len málo ľudí naozaj pripravených. V behu, v pokluse, v aute, na motorke, v električke... tam býva tá príprava takmer nemožná. A v zamestnaní? Prípadne doma?

Trvalo to už dlho a žena s deťmi neprichádzala. Zložil som noviny a pomaly som sa prešiel chodníkom povedľa stromov, z ktorých som rozpoznal len borovicu, smrek a hádam ešte divú jahodu. Ako málo som si dosiaľ ľudí a život okolo seba všímal! Ako kruto som bol do seba uzavretý, uzamknutý - len nikoho dnu, k sebe, nevpustiť! Ak by sa o to niekto pokúsil, bol som hneď pripravený vystrčiť proti nemu všetky obranné pichliače, ostne. Iróniu, cynizmus, sarkazmus, neochotu viesť žiadne rozhovory! Nemám čas, nemám sa s vami o čom zhovárať, nechajte ma! Satan ma do mňa samotného dokonale uväznil a ja som sa v sebe dusil tak nepríjemne, až som mával skutočné, fyzické problémy s dýchaním i s pohľadmi od seba a nie iba do seba. Teraz som sa díval na okolostojacich pacientov či lekárov priamo, ľahko, s čistými očami. Tak toto je teda znovuzrodenie! Dívať sa a vidieť, počúvať a počuť, počuť a rozumieť!

Napriek všetkej radosti ma však postoj k žene náhle zamrzel. Musel som poznámky o kabáte a jej zlom držaní tela vysloviľ? Napokon - aj s deťmi som mohol ísť na vyšetrenie ja - ani sa tej povinnosti nebránila; na moju dlhoročnú pasivitu si už zvykla...

V tej chvíli som ich zbadal. Prichádzali...

Doma, kým sa deti hrali, otvoril som si knihu výkladov na biblické texty *Ozvena slova*. Naďabil som na nadpis Aj láska musí zrieť. „Vtedy prišli k nemu farizeji a pýtali sa ho, aby ho pokúšali: Či smie človek prepustiť svoju manželku z akejkoľvek príčiny? On im odpovedal: Nečítali ste, že Stvoriteľ na počiatku stvoril ľudí ako muža a ženu? A riekol: Preto opustí človek otca i matku a pridruží sa k svojej žene, takže sa stanú dvaja jedným telom..." To „jedným telom" mi zrazu udrelo do očí. Nasledovala ešte reč o „tvrdosti srdca". Zahanbil som sa... Musel som vyznať svoju vinu. Takže my dvaja sme jedno telo, ale ja, nevidiac seba, kriticky zhodnocujem iba svoju ženu. Zarazilo ma, že mi taká dnešná drobnosť bola zrazu trpkou...

Spomenul som si, že popoludní je v bloku, v ktorom bývam, stretnutie veriacich, ktorí sa za mňa už roky modlia. Z bohéma úprimne, čisto veriacim, zbavený akejkoľvek svetáckosti?

Nemôžete slúžiť svetu aj Bohu, spomenul som si, dvom pánom zaiste nie. Alebo sa vzdáte úplne sveta, alebo Boha. Žiť pre svet, ale nie podľa sveta. Žiť pre Boha a z Boha je však prvoradé a jediné, čo rozhoduje.

Boh má so mnou svoj plán. Ktovie aký, musí to byť však nádherné spolupracovať s ním, s Autoritou, ktorá svoje úsudky nemení a tvrdenia neodvoláva. Na ktorú sa možno stopercentne spoľahnúť. Každý musí žiť pod nejakou Autoritou - prečo si nezvoliť tú najdokonalejšiu? Nie vy ste si mňa vyvolili, ale ja som si vyvolil vás. On za nás umrel! Umrel, aby sme my mohli žiť. Rovnako musí zomrieť aj zrno, aby vydalo plod, úžitok, úrodu. Najprv smrť - potom pravý život.

Môj pravý život sa včera večer začal! Opýtal som sa: „Čo chceš, aby som činil, Pane?" A On mi odpovedal: „Klások musí rásť s ostatnými kláskami, ak chce žiť. V tŕni umiera."

Umieral som tak už nespočetnekrát! V pádoch dolu schodmi, v blízkosti električiek, vtedy, keď som strácal všetky známe adresy a smery. On ma však chránil až po túto chvíľu. Večer je stretnutie, mám tam ísť...

Zišla mi na um nepatrná neistota mojich pohľadov, ktorá sa mi počas návratu z nemocnice domov vracala. Z čoho vyplynula? O svedomie predsa nejde, teraz ho už nemôžem mať ani čisté, ani nečisté, teraz som sa už úplne spoľahol na Pána Ježiša. Kde je teda chyba?

Vstal som, prešiel som sa po byte, potom som si oprel o stenu čelo. „Pane, čo mám urobiť, aby sa to úplne zmenilo? Aby som sa mohol komukoľvek pozrieť priamo, bez obáv do očí? Povedz mi to ešte dnes večer..."

Umyl som riad, upratal byt... bolo už popoludnie.

Žena sa vrátila z roboty pred piatou, vymenili sme si niekoľko viet. Povedal som, že pôjdem na stretnutie prvý. Keď dovarí večeru, vystriedame sa... „Budem tam asi dve hodiny," dodal som a šiel sa duchovne pripraviť do spálne. Kľakol som si k posteliam a prosil som: „Pane, prosím Ťa, zbav ma bremena môjho vlastného JA. Veľmi ťa o to prosím, zbav ma ho..." A ako v ozvenách mi v ušiach znelo: „Povedz mi ešte dnes večer, aby som vedel, čo mám robiť... aby som sa mohol pozerať ľuďom priamo do očí..."

Vošiel som do miestnosti, bolo tam asi pätnásť ľudí. Pri K. na mňa čakalo voľné kreslo. Počas modlitebnej chvíle som poďakoval Pánu Ježišovi za spôsob, akým ma sem dnes pozval. Potom K. otvorila Bibliu a povedala: Prečítajme si tretiu kapitolu z listu Kolosenským. Začínala sa slovami: „Ak ste teda boli vzkriesení s Kristom, hľadajte to, čo je hore, kde Kristus sedí na pravici Božej. Myslíte na to, čo je hore, a nie na to, čo je na zemi...“ Ustrnul som od prekvapenia. Bol som zrazu natoľko vzrušený, že ďalší text som už nedokázal dostatočne vnímať. Po prečítaní povedala K. k oddielu niekoľko slov. Zdôraznila spoľahnutie sa ducha človeka na Ducha Božieho a napokon hovorila čosi o nežnosti, tichosti... Počúval som ako v sne, neschopný prítomné okamihy v úplnosti vnímať. Modlil som sa; ak mám hovoriť svoje vyznanie o znovuzrodení, aby som ho hovoril tak, ako si to praje On. Zarazil ma vlastný hlas; celý som sa chvel.

Nastalo jasné ticho, ktoré do seba vstrebávalo, čo som v ten večer musel povedať. Bolo to moje svedectvo o dare večného života, ktorý som od Pána Ježiša dostal zadarmo, z Jeho milosti, na základe obete na kríži, pretože On aj za mňa osobne zomrel. Teraz to konkrétne dokázal, keď som smel zomrieť spolu s Ním, aby som spolu s Ním mohol aj žiť.

Po prvý raz v živote som hovoril pred zhromaždením o tom, ako ma Pán Ježiš svojou krvou vykúpil a spasil.

Začal sa pre mňa nový život, nový deň...

Vrátil som sa zo zhromaždenia veriacich do svojho bytu, ale naďalej som sa chvel na celom tele. Triaška? Bol som rozpálený.

„Myslíte na to, čo je hore, a nie na to, čo je na zemi..." opakoval som si a mal som istotu, že sa nachádzam v krútňave divov. Bol som v priamom kontakte s Pánom Ježišom. Svedčila o tom aj modlitba, ktorú som si v ten deň popoludní, trochu sklamaný z nie celkom istých kontaktov s ľuďmi na ulici, čítal. Znela: „Pane, vyznávam na seba svoju neprávosť: Vyznávam Ti svoju nestatočnosť. Často sa stáva, že ma nepatrná vec zarmúti a zmalomyseľní. Neraz si vravievam, že si budem počínať statočne, ale keď príde nepatrné pokušenie, bývam veľmi skľúčený..."

Streda 7.2.1990

V stredu ráno som si znovu čítal oddiel zo Zachariáša. „Robte toto: Hovorte pravdu každý so svojím blížnym..." 8,16... Pritom s radosťou sa vo mne spájala drobná, detská obava. „Len aby som teraz, keď je to také krásne a všetko vybielené, nič nepokazil..."

Chcel som si tie pocity udržať, ich harmónia ma fascinovala. Kedy som naposledy také zažil? A dajú sa vôbec porovnávať s obdobou pozemského šťastia? Veď to, čo som prežíval, bolo naozaj niečo nadskutočné. Ako v modlitbe, v ktorej človek načúva Bohu, i sám Mu to, čo je pre neho najpodstatnejšie, hovorí. On mi odpovedá! A tá odpoveď nie je nikdy čiastočná a neuspokojivá. Možno ju pomenovať ako holú, neprikrášlenú pravdu, ktorá zasahuje, aby povzbudila a oživila, ktorá dvíha skleslých a uzdravuje chorých. „Neprišiel som liečiť zdravých, ale chorých", tak hovoril farizejom Pán. Zrazu som bol rád, že nič nemám, že som chorý chorobou, ktorá sa prejavovala nedostatkom potravy zvanej Slovo Božie. Cítil som, ako sa do mňa vlieva sila a nebol to iba psychický, ale celkom konkrétny, fyzický stav môjho organizmu.

„Dúfam," sám som sa pousmieval nad svojou myšlienkou, „že teraz niečo nepokazím..." Mal som strach z toho, aby na vybielené plátno môjho života nepadol fľak! Tušil som, že aj v súvislosti s tým sa dočkám zrozumiteľnej odpovede, bol som len zvedavý, ako k nej dospejem. O niekoľko hodín, po svojej bežnej dennej práci, držal som v ruke Bibliu pre deti. Zaujal ma nadpis jednej z kapitol: *O mužovi, ktorý dostal radostnú správu.* Príbeh o Zachariášovi, ktorému sa v chráme zjavil anjel. Zachariáš jeho správe neuveril, preto onemel. Prehovoril, až keď sa všetko splnilo... Keď sa mu narodilo dieťa, ktoré pomenoval Ján. Aj ja som mal pocit, že som bol až donedávna nemý. Nemal som záujem s nikým o ničom podstatnom hovoriť. Žil som vnútorne uzavretý pred svetom, ľuďmi i pred Bohom, skrytý do tajomstiev, ku ktorým nikto nesmel preniknúť! V pravidelných cykloch však vychádzali v mojich najslabších dňoch najavo a ja som bol vtedy nielen zraniteľný, ale aj maximálne podráždený. Zasa ma dostali! Znovu som vyšiel so všetkou svojou pravdou von! A pritom som nepriznával inú, krutejšiu skutočnosť: že tú pravdu o sebe nosím na tvári v jej výraze, v očiach vo svojom pohľade a v slovách, ktoré som vyslovil, hoci by som nimi vravel len nepodstatné informácie o čomsi nedôležitom. Prezrádzal ma hlas, postoj, gesto.

Bol som však nemý na iný spôsob: nemohol som hovoriť Pravdu. Hovoril som dovtedy lži, snažil som sa pestovať humor, ktorý mal spĺňať funkciu plášťa, skrývajúceho moju nepríjemnú, biednu nahotu. Bol som nemý ako Zachariáš, ktorý neuveril správe anjela. Prehovoril, až keď sa správa naplnila. Prehovoril som, až keď som mohol vyznať v zhromaždení bratov a sestier svoje znovuzrodenie. Deň môjho narodenia z tela a krvi je druhý v piatom mesiaci, deň môjho znovuzrodenia je piaty v druhom mesiaci...

Dostal som odpoveď aj na otázku „ako vchádzať v pokoji do prítomnosti Božej"... Pán počul aj tento povzdych a odpovedal naň: Je potrebné poznať cenu obete Pána Ježiša na kríži, tak ako poznávali cenu obete kňazi v Starom zákone, keď zabíjali obetované zvieratá. Aj Zachariáš v čase, keď dostal od anjela správu, že sa mu narodí syn, za ktorého sa modlil, ju spoznával. Aj ja v čase pokánia. Tá cena je však v Novom zákone na rozdiel od Starého už raz a navždy daná, zaplatená a stačí na akýkoľvek veľký hriech. Je to cena, ku ktorej netreba nič pridávať. Je dokonalá, pretože nič drahšieho ako krv Pána Ježiša za naše stratené životy nemožno ponúknuť. Nijaký skutok, nijaký čin. Všetky sú zbytočné a nedostatočné. Ten jeden, obeť Pána Ježiša na kríži za nás, stačí. Ešte jasnejšie som to mal vysvetlené v knihe Williama MacDonalda Efežanom: Tajomstvo cirkvi. „Spôsob, akým prijímame dar večného života, je skrze vieru. Je to spoľahnutie osoby na Osobu..." Práve to som potreboval vedieť: AKO prijímať ten veľký dar... Odpoveď bola jednoznačná a dokonale oslobodzujúca. Nemôžem nič pokaziť, pretože všetko bolo už v absolútnej dokonalosti vykonané. Kristus visel za nás a namiesto nás na kríži. Väčšieho skutku a väčšej obete už niet. Sám Boží Syn. Boh na mieste človeka. Zástupná obeť, ku ktorej nemožno nič dodávať, ani ju nijako skrášľovať skutkami. Skutky sú dôležité až po spasení, po znovuzrodení, po prijatí daru večného života, pretože z neho priamo vyplývajú. Som v kontakte s Ježišom Kristom. „Veď ste umreli a váš život je skrytý s Kristom v Bohu. Keď sa zjaví Kristus, život náš, vtedy aj vy sa zjavíte s Ním v sláve..."

Prehovoril Zachariáš po mnohých dňoch nemoty, prehovoril som aj ja. Opäť mi zišlo na um, čo som na druhý deň po svojom znovuzrodení čítal: „Robte toto: Hovorte pravdu každý so svojím blížnym..."

Snažil som sa povedať pravdu o svojom znovuzrodení. Svedectvo o tom, čo sa stáva len raz za celý život, a čo je darom nad všetky dary. Darom večného života, darom spasenia.

Premietli sa mi pritom vo vedomí aj moje tŕnisté roky, mnoho tŕnistých rokov. Dlho udúšané semeno napokon predsa len v blízkosti iných semien vzklíčilo v úrodnej pôde. Rásť v tŕní nemožno, klas v tŕní nemá nádej na prežitie. Zahynie. Nemožno byť kresťanom vo svete podľa sveta, len podľa Krista a z Ježiša Krista. Kresťan nemôže rásť sám, len v spoločenstve ostatných veriacich, v cirkvi.

Znovuzrodenie

„Chodí, chodí s plačom ten,
čo nosí semeno na siatie.
Iste príde domov s plesaním,
znášajúc svoje snopy."

Ježiš Kristus na kríži zvolal: Dokonané je!

Môj starý človek s Ním a v Ňom zomrel, aby s Ním a v Ňom bol vzkriesený nový človek...

3. kapitola Kolosenským:

„Ak ste teda boli vzkriesení s Kristom, hľadajte to, čo je hore, kde Kristus sedí na pravici Božej. Myslíte na to, čo je hore, a nie na to, čo je na zemi. Veď ste umreli, a váš život je skrytý s Kristom v Bohu. Keď sa zjaví Kristus, život náš, vtedy sa aj vy zjavíte s Ním v sláve..."

Košice, 8. februára 1990

O autorovi

M I R O S L A V   H A L Á S sa narodil 2. mája 1954 v Michalovciach v rodine protestantského farára. Detstvo prežil v Bežovciach, v dedinke na východe Slovenska. Ako dvadsaťročný odchádza z rodnej fary do štvrťmiliónového veľkomesta – do Košíc. Tam sa zamestnáva v divadle ako elév dramaturgie. Vystriedal viacero zamestnaní. Pracoval ako robotník vo Východoslovenských železiarňach v Košiciach, neskôr ako redaktor Československého rozhlasu a potom ako redaktor Slovenskej televízie v Košiciach. V roku 1989 prežíva biblické znovuzrodenie. Stretnutie s Ježišom Kristom mu otvára úplne iné obzory života. Prijíma nové poslanie - stáva sa kazateľom misijnej *Putujúcej cirkvi*. Svedeckú výpoveď o tom podáva kniha „*Znovuzrodenie*" a v súčasnosti najmä príbeh o misii jeho syna, dcéry a manželky v zahraničí pod názvom „*Krajina vzdialených čajok*".

w w w . r k 9 3 . c o m

w w w . m i r o s l a v h a l a s . c o m

Ďalšie tituly Miroslava Halása

Znovuzrodenie

Krajina vzdialených čajok

Útek z mesta

Tichý hlas

Rozhovory v bráne

Novinárka a kazateľ

Misijné kázne

Poviedky

Stíšenie

Aj noc ti svieti

Milostivé leto

Architekt

Hazardné hry

Slnko práve klesalo

Krátke príbehy

Kráľ a Likvidátor

Bohatý muž

Mimozemšťan

Obratník kríža

Mravec krasojazdec

Zásadný rozhovor